东方书集

FU   QU

芙 蕖

东方小学作文集

DONG FANG XIAO XUE ZUO WEN JI

东方小学"东方书集"编委会 编

沈 飞 主编

学林出版社

编委会名单

主 编
沈 飞

编委（按姓氏拼音排序）

黄婷婷　季智慧　凌 洁　倪 蕾　倪 源　彭 英
佘 瑛　汪轶灵　王晓云　王 雁　徐石颖

序

东方小学校刊《小荷》创刊至今,已经十九年了。在孩子们的书桌上,在教室的图书角,在图书馆的书架里……我们常常看到它的身影。最动人的是孩子们将它捧在手心阅读,因为那上面有孩子们从心底里流出来的文字。这些文字记录着东方小学孩子们的心情故事和成长感言。

时间是最不可动摇的。"年年岁岁花相似,岁岁年年人不同。"曾经的年轻老师现已两鬓斑白,《小荷》也由曾经的纸质刊物变成了电子刊物。时光流转,不变的是孩子们文章背后一颗颗跳动着的童心,充满灵气与想象力。这些童心跨越了近二十年的春秋,始终让人心动神移。

在迎来《小荷》创刊第二十个年头之际,学校特将东方小学学生的优秀习作汇编成册并命名为《芙蕖》,取"荷花盛开的美丽景象"之意。我们把这些个性化的文字留存下来,作为孩子成长的见证,更作为东方小学办学历史的注脚。此即书籍编纂的初心了。

编委会共收到习作300余篇,涵盖本校2024年度一至五年级在读学生应征的各类作品。经教师推荐,东方小学"东方书集"编委会的反复遴选和修改,最终收录150篇习作。这些习作依据主题、体裁和内容分为"蓓蕾初绽""读万卷书""童言诗语""习作风采""人物素描""行万里路""奇思妙想""心情日记""万物有灵"九个部分,旨在展现不同年段、不同主题下学生的文字风采。每篇习作后附上简短评语,既是教师立足学科特点进行的写作指导,更是师生心灵对话的温暖纽带。这些评语既为读者开启理解童心的秘径,又为小作者镌刻下思维拔节的年轮。

在收稿至出版的时段中,部分作者的年级信息发生了变化(例如一名学生 2024 年上半年为四年级,2024 年下半年为五年级),而出版的习作以学生写作时在读的年级为准,因此会有刊登了同一学生多篇习作但年级信息不同的情况出现,特此说明。

沈 飞

2025 年 3 月 4 日

目　录

第一部分

BEI LEI CHU ZHAN

蓓蕾初绽

赶　海

懿德校区　二(1)班　韩逸尘

一大早,我和哥哥就起了床,因为今天爸爸要带我们去赶海啦!这是我第一次去赶海。

我带上准备好的工具,钻进车里,喊道:"出发!"

离海边越来越近了,我摇下车窗,闻到了海风中夹杂着咸咸的海的味道。闭上眼睛,深呼吸,再深呼吸。

终于,一望无际的大海出现在眼前。海水退去,露出一大片泥沙滩,脱下鞋子,踩着又厚又软。我们张开双臂,呼喊着向大海跑去,沙滩上留下一串串深深的脚印。我和哥哥跑啊,追啊,喊啊!

突然,我发现泥沙里有一个个小洞,还冒着气泡呢。爸爸说可能有螃蟹,我赶紧蹲下来开始挖。咦,好像有动静,继续挖得更深一点。哇,一个长长的贝壳生物吐着舌头,被我抓住了,我高兴得跳了起来,拿给爸爸看。爸爸看着我,突然哈哈大笑起来,原来我的衣服上、手臂上已全是泥,连脸蛋儿也成了大花脸了。我全然不顾,蹲下身继续挖这种名叫竹节蛏的海洋小生物,有了刚才的经验,不一会儿工夫,挖了一小桶呢。

就在这时,爸爸的朋友拿着捕鱼网和捉蟹笼子向我们走来,我们跟着他一起去了更远的海里。只见他熟练地在海里撒网,固定蟹笼。随着海浪哗啦哗啦地一进一退,半小时过去了。爸爸说:"走,咱们看看有没有收获。"我们踏进浪里,一点点拽出渔网和笼子。"哇!"我大叫道,只见渔网里全是活蹦乱跳的鱼虾,最大的一条鱼竟然和我手臂一样粗。笼子里有好多螃蟹,它们都张开大钳子,好像要来夹我。我们满载而归,今天的晚餐当然是美味海鲜宴了。

真是太神奇了,第一次赶海挖竹节蛏,第一次看到撒网捕鱼,第一次抓螃蟹。下一次赶海,会是什么时候呢?

🏆 点 评

小作者第一次赶海的经历确实充满了趣味与新意,为读者带来了一场别开生面的阅读盛宴。作者巧妙地以几个"第一次"为线索,逐步展开故事情节,使得整篇文章条理清晰,引人入胜。

从最初的期盼,到亲眼见到大海的兴奋与激动,小作者的心情随着故事的推进而不断变化。挖到竹节蛏的那一刻,他内心的自豪与喜悦溢于言表;而看到撒网捕鱼的场景,他又被这神奇与壮观的一幕所震撼。每一次新的尝试,都让小作者感受到了前所未有的快乐与满足。

故事结尾处,作者巧妙地运用了留白手法,既给读者留下了想象的空间,又让人意犹未尽,仿佛还想继续跟随小作者的脚步,去探索那片神秘而迷人的海滩。这样的结尾处理,无疑为整篇文章增添了更多的韵味与魅力。

指导老师:季智慧

绿豆种植记

懿德校区　二(2)班　丁　薇

清晨，一道微弱的阳光从蓝蓝的天空照进窗户。那道阳光不像中午的那么强烈，而是如同妈妈的双手一般温柔。这样的阳光正适合种植绿豆呀！

我问爸爸要了几颗小小的绿豆，并拿出一张纸巾，开始种植。我先把纸巾放在塑料杯里，再把绿豆一颗一颗地放进杯中，并把杯子放在窗台上。我期待着，绿豆能快点发芽，快点长大！我在心里说："小绿豆，你一定要长得高高的呦！"

之后的几天，我每天都会来看看小绿豆。但是好几天了，绿豆一点儿都没发芽，甚至有点儿干瘪。我有点失落，跑去问爸爸："为什么我的小绿豆一直不发芽呢？"爸爸看了看小绿豆，笑着说："傻孩子，绿豆没有水，怎么发芽呢？"我想了想自己种植绿豆的过程，当时确实没有浇水。我恍然大悟，赶紧给绿豆浇了一点儿水，然后把它放在窗台上，让它接受阳光的照射。

又过了几天，我看到小绿豆上有几个嫩芽。"哇，绿豆发芽了！"我高兴极了。这几天的努力没有白费呀！

通过这件事，我明白了，植物生长除了需要阳光，还需要水分，更需要我们的精心照料。一分耕耘，一分收获！

在《绿豆种植记》中，小作者详细描述了从准备材料到观察发芽的每一个步骤。例如，"把纸巾放在塑料杯里，再把绿豆一颗一颗地放进杯中"，这样的描述非常具体，让读者能够清晰地想象出当时的情景。此外，作文的结构也非常清晰，按照时间顺序叙述了整个种植过程，从开始到结束，条理分明。

从第一天的兴奋与期待，到最后一天看到豆芽成熟的喜悦，作者将自己的情感融入了观察过程，使文章更具感染力。这种情感的表达有助于引起读者共鸣，让人更容易投入文章中去。通过这次种植绿豆的经历，作者总结出了植物生长需要阳光、水分和精心照料的道理，并且得出了"一分耕耘，一分收获"的结论。

这篇文章不仅展示了作者的观察能力和写作技巧，还体现了其对自然现象的好奇心和探究精神。通过详细的记录和生动的描述，作者成功地将普通的种植过程变得生动有趣，充满了教育意义。希望作者继续保持这种探索精神，不断进步。

指导老师：朱思敏

秋　天

懿德校区　二(4)班　朱敬一

　　秋天是个收获的季节。在秋天里,有许多奇妙有趣的事情。金色满园、硕果累累是秋天的代名词。

　　松树上的松果成熟了,掉落在草地上。小松鼠们都来捡松果,这样过冬的时候就不会饿肚子了。

　　秋风一吹,一片片金黄色的叶子从树上落了下来,铺满了大地。田里的瓜果稻谷也在等着收获,空气中弥漫着枯黄落叶和成熟果实的香气,让人感到喜悦!

　　这时的秋天像一幅五颜六色的画卷。秋天真的好美,我喜欢秋天!

🏆 点 评

　　在《秋天》这篇作文中,小作者以生动活泼的语言描绘了秋天特有的美丽景象和个人感受。文章开头便用"金色满园""硕果累累"这样富有视觉冲击力的词汇吸引读者注意,让读者仿佛置身于一个丰收的季节之中。不仅如此,文中还巧妙地加入了小松鼠捡拾松果的小故事片段,不仅增加了文章的趣味性,也使得整个场景更加鲜活。

　　此外,作者运用比喻这一修辞手法将秋天比作"一幅五颜六色的画卷",这种富有诗意的说法极大地丰富了文本内容,并激发了人们对于美好事物的无限遐想。通过这样的表达方式，作者成功地构建了一个既真实又梦幻的世界，在那里，每一处细节都散发着迷人的光芒。

  整篇文章不仅展现了作者敏锐细致的观察力以及扎实的文字功底，更重要的是体现了其对自然界奥秘不懈探索的态度。通过对日常生活中看似平凡事物的仔细观察与记录，并将其转化为一段段精彩绝伦的故事，作者向我们展示了如何从身边发现美、创造美的过程。希望小作者未来能够继续保持这份好奇心和创造力，在写作道路上越走越远。

指导老师：朱思敏

秋　天

懿德校区　二(1)班　黄子玲

　　一阵秋风吹过,树叶悠悠地飘落下来,像一只只金黄色的蝴蝶在空中翩翩起舞,美不胜收。

　　秋天是五彩斑斓的季节。果园里,红彤彤的苹果、黄澄澄的梨、火红的柿子挂满枝头,让人垂涎欲滴。公园里,小朋友们仰着头,凝望着蔚蓝的天空中如挥毫泼墨般写成的"一"字和"人"字,原来那是雁群在领头雁的号角声中往南飞,一只、两只、三只……

　　秋天也是收获的季节。农民伯伯在田间挥汗如雨,我们怎能忘记"谁知盘中餐,粒粒皆辛苦"的道理?

　　秋天还是充满诗意的季节。唐代诗人杜牧曾写道:"停车坐爱枫林晚,霜叶红于二月花。"读来犹如置身于火红的枫叶林,此情此景真让人陶醉。

🏆 点评

　　这篇描写秋天的文章,语言生动优美,充满了对生活的细致观察和真挚情感。

　　小作者巧妙地运用了比喻和拟人等修辞手法,如将飘落的树叶比作金黄色的蝴蝶,形象生动地描绘了秋风落叶的美景。同时,对果园里水果的描绘也栩栩如生,让读者仿佛置身于丰收的喜悦之中。

文章结构清晰,从自然景色到人文情感,层层递进。不仅描绘了秋天的五彩斑斓和收获满满,还巧妙地引入了古诗,增添了文章的文化底蕴和诗意美感。

　　尤为值得一提的是,作者在文章中融入了珍惜粮食的教育意义,既让读者欣赏了美景,也传递了正能量。

指导老师:季智慧

我最喜爱的玩具

懿德校区　二(5)班　姚禹泽

我最喜欢的玩具,那便是乐高导弹驱逐舰。这份礼物来自妈妈,它不仅是一件玩具,更是一份深深的母爱。它的外形设计巧妙,前尖后宽,显得既庞大又坚固灵活。以黑白为主色调的它,还点缀着灰色、红色和蓝色的零件,这些色彩交织在一起,仿佛诉说着无尽的创意与可能。这些零件都是由塑料制成,每一个都精细而独特。

驱逐舰的上方是雷达站,可以扫描远方的目标;下方则是稳固的底座,为整个模型提供了支撑。前面是威武的舰载炮,后面是宽阔的停机坪,而左边则伸展着巨型的吊臂,仿佛在向世界展示它的力量与威严。

我常常沉醉于这些零件带来的拼搭乐趣中,按照说明书上的步骤,我可以将它们拼成坦克、战斗机、大炮甚至是舰载炮。更让我着迷的是,我可以将这些模型合体,从而创造出一个巨大的、独一无二的模型。每一次拼搭都是一次新的探索和挑战,让我感受到了无限的乐趣和成就感。

在妈妈将它买回家送给我的那一刻,我就迫不及待地想要开始拼搭。有时候,我一坐就是几个小时,完全沉浸在这个充满创意的世界中。乐高导弹驱逐舰不仅锻炼了我的动手能力,更让我学会了独立思考并解决问题。它让我明白了,每一个小小的零件都有它的价值和作用,只有将它们巧妙地组合在一起,才能创造出如此精美的作品。

　　文章开头简明扼要地介绍了自己最喜欢的玩具是乐高导弹驱逐舰，并指出它是妈妈送的礼物，为后续的描述提供了背景和动机。接着，文章详细描述了乐高导弹驱逐舰的外观、颜色、组成以及功能。这一部分通过具体的形容词和生动的描述，使读者能够清晰地想象出玩具的形态和细节。随后，文章描写了作者对玩具的喜爱、拼搭过程中的互动体验，以及这些经历对个人成长的影响，增加了文章的生动性和真实感。最后，文章以总结性的语句结束，强调了乐高导弹驱逐舰对个人动手能力和思考习惯的积极影响。文章字里行间流露出对乐高玩具的喜爱之情，以及对妈妈送礼物的感激，如"这份礼物来自妈妈，它不仅是一件玩具，更是一份深深的母爱"，情感真挚，容易引起共鸣。从玩乐高的过程中，小作者领悟到每个零件的价值和作用，以及组合的重要性，还提到锻炼了动手能力、学会思考创新等，使文章不仅仅停留在对玩具的描述上，更有了深度和内涵。

指导老师：姚嗣思

我最喜欢的玩具

懿德校区　二(1)班　陈楚凡

去年回老家过年的时候，奶奶送给我一个新年礼物——积木，我可喜欢了。

拆开精美的包装礼盒，只见里面整齐地摆放着红的、蓝的、黄的各色小木块。形状也是各种各样，正方形、三角形、半圆形、上面方下面镂空半圆……应有尽有。奶奶笑着说："这里面的积木啊，有一百多块呢！你可以拼成任意你想要的东西，比如大房子、大城堡。"我高兴极了，梦想着成为一名小小建筑师。

说干就干，我拿着积木盒子来到客厅地板上摆弄起来。长方形、正方形木块做底座，镂空木块做大门，圆柱体木块做罗马柱，一层搭稳垒第二层，一层一层造楼房，放上尖尖角的"房顶"，大别墅完工啦！"奶奶，奶奶！"我连忙叫奶奶来欣赏。奶奶连围裙都没解开就跑来了，她在"大别墅"周围画了一个圈，说："再砌上围墙就更好了。"

过完年后，我把积木带来了上海，每到周末我就拿出来玩，跟奶奶视频连线。视频那头的奶奶看着我的作品，总是乐呵呵地夸我真能干。

🏆 **点　评**

作者从积木的外形和玩法两个方面入手，生动地介绍了自己最喜爱的玩具。这篇文章不仅展现了玩具本身的魅力，更蕴含了深厚的情感与温度。

　　文章中所描述的玩具，不仅仅是五颜六色、形状各异的积木，更是小作者对未来的无限畅想。通过搭建积木，他仿佛置身于建筑的世界中，梦想着自己成为一名杰出的建筑师，创造出更多令人惊叹的作品。

　　同时，这些木块玩具也承载着小作者对奶奶深深的爱。每一次玩耍，都让他感受到奶奶给予的温暖与关怀。这些玩具不仅陪伴他度过了快乐的童年时光，更成为他与奶奶之间情感交流的桥梁。

　　整篇文章情感真挚，文字流畅，既展现了玩具的趣味性，又表达了小作者对未来的憧憬和对亲情的珍视。这样的文章，无疑能够触动每一个读者的心灵，让人在阅读中感受到温暖与力量。

指导老师：季智慧

帮妈妈做饭

蓝村校区　二(2)班　沈灵希

周末的一天,我看到妈妈在厨房忙碌地准备午饭。那辛勤的背影触动了我的心弦,于是我决定帮妈妈分担一些家务。

我穿着鲜艳的红色上衣,扎着两个俏皮的小辫子,兴致勃勃地走进厨房,主动请缨帮妈妈洗菜。妈妈欣然答应,递给我一把今天需要炒的青菜,并嘱咐道:"小心,不要碰到锅,会烫伤。"我接过来后,在洗菜盆里仔仔细细地清洗着。那一双小手在水盆里灵活地摆弄着,就像灵动的小鱼,每一片叶子都被我洗得仿佛绿宝石般晶莹剔透。

系着黄色围裙的妈妈,宛如一位优雅的大厨。我站在炉灶前,锅里热气腾腾,那翻滚的热气犹如缥缈的云雾。妈妈熟练地挥动着锅铲,不时地往锅里倒入一些调料,而后再翻炒着菜肴,"噼里啪啦"的声音仿佛是一曲美妙的交响乐。妈妈时不时回头看看我,眼中满是欣慰和疼爱,那目光仿佛春日里的暖阳,温暖而柔和。

在我们齐心协力的合作下,不一会儿,一桌美味的饭菜就做好了。

看着妈妈脸上那满足的笑容,我的心里像吃了蜜一样甜。我深切地体会到,能帮妈妈做事,是一件多么幸福和有意义的事情。

🏆 点 评

　　文章以细腻的笔触捕捉到了一个平凡却充满爱的家庭瞬间,将劳动中的母女互动刻画得栩栩如生。作者用"辛勤的背影""俏皮的小辫子""灵动的小鱼"等形象化的表达,赋予了家务活动更多的趣味性和情感色彩。同时,"春日里的暖阳"这样的比喻,让读者感受到母亲的目光充满了温暖与慈爱。特别值得称赞的是,作者能够通过简单的家务劳动体会到为家人分忧解难所带来的快乐和成就感,体现了成长过程中对于家庭责任感的认识加深。整体而言,这是一篇洋溢着亲情之爱的文章,既展现了日常生活之美,又传递了积极向上的价值观。建议可以尝试加入更多细节描写,比如具体说说做了哪些菜,或者在合作过程中有没有发生什么有趣的小插曲,这样可以让故事更加丰富饱满。

指导老师:李文婷

掉 牙 啦

懿德校区　一(4)班　纪鑫悦

"啊呀！妈妈,我的大门牙掉啦!"

妈妈说:"没事哒,宝宝长大啦。"

爸爸出差回来看到了,笑着说:"宝宝,你的门牙掉啦,说话漏风啦。"

晚上吃玉米的时候,我在掉牙的地方放了一颗玉米粒,对他们说:"看,大门牙!"

🏆 点 评

　　小作者以"掉牙"这一经历展开,开篇通过与妈妈的对话,生动地展现出自己掉牙时的懵懂与妈妈的温柔安抚,爸爸的调侃和孩子的机智也为对话增添了乐趣。爸爸用"说话漏风"来形容孩子掉牙后的样子,既幽默又亲切;而孩子则巧妙地利用掉牙的地方放玉米粒来模仿"大门牙",展现出了孩子的天真俏皮和创造力,进一步丰富了家庭互动的场景,传递了家庭成员之间的深厚感情和相互支持。对话内容虽然简单,但寓意深刻,反映了孩子在成长过程中会经历许多变化和挑战,但只要有家人的陪伴和支持,这些变化都会成为美好的回忆和成长的见证。短文语言简洁质朴,纯真自然地记录下成长中的一个小片段,让读者深切地感受到童年生活的美好与纯真，也体现了小作者对生活细致入微的观察力。

指导老师：付欣晨

爸爸的生日

懿德校区　二(2)班　朱珞雪

这个周日是个特殊的日子——爸爸的生日。一大早起床吃过早餐,我和弟弟一起用零花钱给爸爸买了个香甜可口的水果蛋糕,它的形状像个圆滚滚的小胖子。上面铺满了五颜六色的水果,有红彤彤的草莓、黄灿灿的芒果、晶莹剔透的紫色葡萄和绿油油的猕猴桃。中间还夹了一层酸酸甜甜的水果酱。

中午,妈妈准备了一桌可口的饭菜,有香气扑鼻的红烧鱼、色泽红亮的糖醋排骨、富含多种维生素的蔬菜和热气腾腾的鸡汤。

吃过午饭,蛋糕就上场啦! 我迫不及待地打开它。我们笑着将爸爸领到桌前坐下,给爸爸戴上特定的生日帽,在蛋糕上点燃了生日蜡烛,为爸爸唱起了生日祝福歌。我们还大声地对爸爸说道:"爸爸,祝您生日快乐! 我们永远爱你哦!"听到我们的祝福,爸爸抱着我和弟弟,开心地哈哈大笑。

🏆 点 评

这篇《爸爸的生日》温馨感人,展现了作者对家庭的深厚感情和对父亲的爱。文章开头直接点明了写作的主题,紧接着通过详细的场景描写和生动的语言,将读者带入了作者为父亲庆祝生日的欢乐氛围中。作者用细腻的笔触描述了水果蛋糕的外观和上面的水果种类,如"红彤彤的草莓""黄灿灿的芒果"等形容词的使用,使得对食物的描述更加生动有趣。

此外,作者还详细描绘了午餐中的各种美味佳肴,包括"香气扑鼻的红烧鱼""色泽红亮的糖醋排骨"等,这些细节让读者能够感受到场景的热闹和菜品的丰盛。在表达情感方面,作者通过描述给爸爸戴上生日帽、点燃蜡烛、唱生日歌以及大声说出祝福语的情景,展现了全家对爸爸深深的爱意。最后,爸爸开心地哈哈大笑的场景更是将整篇文章推向了高潮,让人感受到了家庭的温暖和幸福。

指导老师:朱思敏

我最喜欢的向日葵

懿德校区　二(4)班　董宸宇

一束阳光像瀑布一样倾洒下来,地里的向日葵可美了,远远望去,它们好似挺拔的战士,长得高高的,直直的;花盘大大的,圆圆的,有的含苞待放,有的已经盛开;花瓣细长柔软,就像一根根银针。

向日葵苍翠欲滴的叶子又大又圆,仿佛一把把蒲扇。一阵阵微风吹过,淡淡的芳香扑面而来,深深吸一口气,真叫人心旷神怡啊!

向日葵里的蜂儿、蝶儿自由自在地飞来飞去,有的你追我赶、嬉戏打闹,有的辛勤地采花酿蜜,还有的在花瓣上久久不肯离去。我猜,它们可能是被这美丽的向日葵吸引了。

我喜欢向日葵,不仅仅因为它有美丽的外表,更是因为它们给田野带来了生机。

🏆 点评

这篇关于向日葵的作文,生动地描绘了向日葵的美丽与生机。作者通过细腻的笔触和形象的比喻,将向日葵比作"挺拔的战士",展现了其高耸、笔直的身姿和大大的花盘。同时,作者还巧妙地运用了动态描写,如"花瓣细长柔软,就像一根根银针",以及静态描写,如"苍翠欲滴的叶子又大又圆,仿佛一把把蒲扇",使得向日葵的形象更加鲜活、立体。

文章中，作者还通过对蜂儿、蝶儿在向日葵间自由自在飞翔的描绘，进一步突出了向日葵给田野带来的生机。这些细节的描写，不仅丰富了文章的内容，也增强了文章的感染力。

作者表达了对向日葵的喜爱之情，并指出这种喜爱不仅仅是因为向日葵的外表美丽，更是因为它们给田野带来了生机。这种情感的表达，使得文章的主题更加鲜明，也体现了作者对大自然的热爱和敬畏之情。

指导老师：朱思敏

我爱多彩的秋天

懿德校区　一(2)班　陈彦宏

秋风像一把扇子，扇走了夏天的炎热，带来了秋天的凉爽。

秋风吹过每片树叶，告诉她们需要换上美丽的秋装。枫叶换上火红的衣裙，给大地画上了喜气洋洋的一笔。银杏树的叶子变黄了，像一把把金黄色的扇子，树枝落下时又像一只只美丽的蝴蝶翩翩起舞。

稻田里，金灿灿的稻谷格外美丽，秋风吹过，像一道道金色的海浪。高粱地里，火红的高粱笑弯了腰。

果园里红彤彤的苹果、火红的柿子、黄色的梨、紫色的葡萄，还有绿色的青桃共同唱起了一首甜丝丝的丰收歌。

多彩的秋天是一个丰收的季节、欢乐的季节。我爱多彩的秋天。

🏆 点评

这篇描写秋天的文章，以小作者生动的语言和丰富的想象力，将秋天的美景与丰收的喜悦展现得淋漓尽致，给人以美的享受和心灵的触动。文章开篇即以"秋风像一把扇子"这一巧妙的比喻，生动地描绘了秋风带来的季节变换。随后，通过对枫叶、银杏树叶子、稻田、高粱地以及果园里各种水果的细腻描绘，构建了一幅幅色彩斑斓、生动形象的秋日画卷。这些意象不仅鲜明，而且富有层次感和动态美，使读者仿佛置身于那丰收的田野和果园之中。小作者通过各种拟人化的手法，赋予了秋天以生命和情感，表达了诗人对秋天的热爱和赞美之情。结尾"我爱多彩的秋天"一句，情感饱满，点明了文章的主旨，使整篇文章在情感上达到了高潮。

指导老师：唐程远

一朵美丽的花儿

懿德校区　一(3)班　朱贝绮

星期一下午,我看见朱德润的桌子上有一张作业卷。呀！他得了"优秀"。我暗暗想：他总是在我吃饭时戳我的背,让我很不舒服。今天,我打算捉弄他一下。于是,我顺手拿起他的作业卷,揉成一团,塞进了课桌。过了一会儿,他发现了自己的作业卷大变样了,非常不高兴,急冲冲地去向老师告状。

不一会儿工夫,老师就知道是我干的。这下糟糕了！老师批评了我,还给我讲了一番道理。挨了老师的批评,我知道自己做错了,感觉有点难为情呢！不过,老师说,犯错的孩子只要知错就改,还是一朵美丽的小花。

我想：我要成为一朵美丽的花儿,不会再做那些捣乱的事情啦！

🏆 **点评**

一个看似微不足道却又充满童趣的小小恶作剧,悄然间在小作者的校园生活里激起了层层涟漪,激发了她用那双稚嫩而充满好奇的眼睛,去捕捉并记录下那些日常中的点点滴滴。在文字里,仿佛能看到她偷偷躲在教室角落,策划着下一个让人捧腹的小把戏,又在事后用那双闪烁着无辜光芒的大眼睛,企图化解老师的责备与同学们的"控诉"。在文字里,既有恶作剧得逞时的窃喜,也有事后反思时的懊悔，更有对友谊和成长的深刻感悟。这一切都让她的故事显得格外真实而动人。

　　细细品读这些文字，它不仅仅是对校园生活的简单回顾，更像是一次心灵的触碰，提醒着孩子们：在成长的路上，即便是那些看似不起眼甚至略带"错误"色彩的小插曲，也是构成人生画卷中不可或缺的一部分。"犯错误亦不失为一种美丽"，正是因为这些不完美，让小小的他们在每一次跌倒与爬起之间，学会了宽容，理解了成长的价值，也让生活因此而变得更加多彩多姿。

指导老师：张　激

约"绘"大熊猫

懿德校区　一(2)班　沈菲渲

今天是一个充满欢笑和色彩的周末,我和爸爸参加了一场特别有趣的活动——彩绘油纸伞。笔上生花,伞上生画。画上喜欢的彩色,偶遇那雨后的彩虹。

通过老师的讲解,我们先了解了油纸伞的历史和制作过程,选竹、做伞架、粘伞面、涂上桐油、绘图案,一把油纸伞就完成了。老师分发了五颜六色的彩笔、调色盘。看着这些五彩斑斓的工具,我迫不及待地想要画上喜欢的颜色和图案。

我拿起画笔,轻轻地蘸取颜料,开始在伞面上勾勒我的创意:一只憨态可掬的国宝大熊猫。经过一番努力,我的彩绘纸伞终于完成了!它像一件艺术品一样,散发着独特的魅力。我轻轻地转动着伞,看着可爱呆萌的大熊猫,忍不住想要去抱一抱它,心里充满了成就感。同学们也纷纷展示了自己的作品,每一把伞都独一无二,充满了童趣和创意。

等到下雨天,我就可以打着这把独一无二的油纸伞,走在雨中……我想象着自己和可爱的大熊猫在雨中嬉戏玩耍。

🏆 点 评

小作者对于彩绘油纸伞活动的讲述,充满了童趣与创意,同时也蕴含了对传统文化的尊重与传承。开篇即点明主题,"彩绘油纸伞"不仅是周末增添的乐趣,更是一次与传统文化亲密接触的体验。作者详细描述了彩绘油纸伞的过程,特别是"笔上生花,伞上生画"的描绘,既富有诗意,又准确地传达了彩绘油纸伞的艺术魅力。同时,还想象着自己与绘制的可爱的大熊猫在雨中嬉戏玩耍,这一细节的加入,使得文章更加生动有趣。结尾处,小作者提到等到下雨天就可以打着这把独一无二的油纸伞走在雨中,这一展望不仅呼应了文章开头提到的"充满色彩的周末",更为读者留下了一个美好的想象空间。

指导老师:唐程远

《从百草园到三味书屋》读后感

懿德校区　二(2)班　颜懿欣

最近我读了鲁迅先生的《从百草园到三味书屋》,学习到了不少知识。鲁迅原名周树人,浙江绍兴人,是我国著名的文学家和思想家。

《从百草园到三味书屋》一书中写了鲁迅先生上学前后的一段童年时光。他经常和小伙伴在百草园玩耍,这里有着碧绿的菜、光滑的石井栏,也有蟋蟀、蜈蚣等有趣的东西。三味书屋是他学习的地方,这里有着最严厉的老师。有一次他为了给自己的父亲送药,耽误了上学的时间,受到了老师的责备。为此,他在自己的桌子上刻了一个"早"字,时刻提醒自己,让它不断鞭策自己。

童年的回忆就像一本难忘的日记,鲁迅先生经过不断努力,成就了伟大的自己。当他再次回忆起儿时的情景,不禁觉得充满了乐趣。

暑假里,妈妈带我去了一趟鲁迅先生故居,我真真切切感受到鲁迅先生的家很大,体会到他的一生坎坷,也感受到他所回忆的童年的快乐、自由。所以我们现在更要抓住童年的时光,珍惜当下,勇敢前行,好好奋斗。

🏆 **点　评**

小作者的感悟非常深刻,显示了小作者对鲁迅作品的理解以及它对自己个人成长的影响。通过细腻的笔触，将鲁迅先生的童年生活描绘得栩栩如生，不仅捕捉了书中的生动场景，还深入剖析了鲁迅先生的成长历程和内心世界。

文章结构清晰，语言流畅，情感真挚。小作者能够结合自己的实际经历，表达出对鲁迅先生的敬仰之情，以及对其童年生活的向往。同时，还能够从中汲取力量，激励自己珍惜当下，勇敢前行。

此外，作者的文笔也颇为出色，能够运用生动的语言和形象的比喻，将读者带入鲁迅先生的童年世界。这种写作能力值得肯定和鼓励。希望作者能够继续保持这种良好的阅读习惯和写作态度，不断提升自己的文学素养和人文素养。通过阅读《从百草园到三味书屋》和参观鲁迅故居，作者不仅学到了知识，更重要的是学会了如何从生活中汲取教训，如何面对困难与挑战。

指导老师：朱思敏

读《水先生的奇妙之旅科学图画书系》(第一辑)有感

懿德校区　一(1)班　周轩亦

《水先生的奇妙之旅科学图画书系》(第一辑)共有 8 册,分别是《水先生的奇幻旅程》《空气太太去哪儿了》《穿睡衣的太阳先生》《树先生成长记》《四季喜欢转圈圈》《感觉帮你捉迷藏》《美妙色彩变变变》和《火山有颗热脑袋》。本书由意大利著名插画家奥古斯汀·特拉尼所作,张懿翻译,2007 年曾获得意大利第九届巴里市幻想绘画奖,作品还曾多次入选博洛尼亚国际童书展。

这是一套非常适合亲子阅读、亲子实验的书籍,能让人在看书的时候不知不觉学习到知识。书后有科学小实验、小手工,还可以增强我们的探知欲和动手能力。

整套书科普了空气、水、树木、太阳、四季、色彩、感官、火山等自然世界的奥妙,画风可爱、易懂,让人印象深刻。比如《四季喜欢转圈圈》,告诉了我们一年四季分别是什么时候,春夏秋冬分别有什么蔬菜和水果。

这些书中我最喜欢的一本是《火山有颗热脑袋》,它让我知道了火山形成的时候会有臭鸡蛋的味道,会有气泡产生,里面流动的火焰叫作岩浆。当火山渐渐长大,不再冒烟之后,就是开始休眠了。水先生是个好奇的家伙。他为了满足自己的好奇心,就游到了海底看看火山里面到底是什么,这一次探险让水先生开始了一段奇幻的旅程。

他潜入海底后碰到了火山里面的岩浆。岩浆最高温度可以达到1400摄氏度，水先生被烫得直接喷出了水面。还好空气使他慢慢冷却，一部分的他正好落到一个洞里。他一路补充矿物质，注入丰富营养，最后找到了一个小湖钻了出来，水先生就变成了"温泉"。原来温泉就是这么形成的啊！后来水先生又回到了原来的地方。他看到火山又长大了，而且上面长满了绿化，还住了很多人。人们在上面盖房子，开垦菜园，一切都是那么美好！

这是一套献给爱自然、爱科学的孩子们的书籍，每本书里都有专属于妈妈和我的小时光。

让我们一起来读读这套有趣的书吧！

点评

作者是个对阅读和科学自然满怀热忱的小小少年。在他眼中，书籍是打开未知世界大门的钥匙，而科学自然则是那扇门后最璀璨的宝藏。他向大家推荐了一套特别的书籍，强调这是适合和爸爸妈妈一同阅读的佳作。一开始，他简要介绍了这套书的大致内容，让听众对其丰富内涵有了初步印象。接着，他挑选出其中最喜欢的一本详细讲述。在这本心爱的书中，他仿佛踏上一场奇妙之旅，了解到许多自然界的奥秘。那些神奇的生物现象、神秘的自然规律，都像磁石般深深吸引着他。他带着满满的热情分享自己的读书感悟，这份真诚感染了不少小读者。大家被他描绘的奇妙世界打动，纷纷对这套书产生浓厚兴趣。相信在这位小小少年的带动下，会有越来越多家庭沉浸在这套书带来的知识盛宴中。

指导老师：朱智贤

好书推荐之《泥土城》

懿德校区　五(2)班　周婧彤

　　我最近迷上了《泥土城》这本书,它是加拿大作家黛博拉·艾里斯创作的。《泥土城》不仅是一部文学作品,更是一部能够深刻反映阿富汗和巴基斯坦社会现状的佳作。

　　《泥土城》是黛博拉·艾里斯继《帕瓦娜的守候》《帕瓦娜的旅程》后创作的又一部感人故事。《泥土城》的主人公正是帕瓦娜的好友肖齐亚。战争使得肖齐亚无奈来到了寡妇之家难民营,可是肖齐亚压根不喜欢这个令人窒息、没有丝毫生气的"泥土城"。她有许多梦想:要去看海,要去寻找她梦中的紫色薰衣草,要去法国与帕瓦娜会合。为着这些梦想,肖齐亚装扮成男孩,在热浪袭人的城市街道上四处寻找工作,甚至无奈乞讨。因为心中有梦想,有着对美好的无限向往,所以肖齐亚这个倔强而又充满个性的小姑娘,她忍受着现实的一切艰难与困苦,从未放弃希望,她用自己的行动与残酷的现实抗争。虽然过程充满了曲折与苦难,但肖齐亚在一次次的挫折中变得更加坚强,从而对人生有了确切的方向。

　　黛博拉·艾里斯在书中用真实的情感描绘了肖齐亚的内心世界和她所生活的社会环境。书中的每一个场景、每一个人物都栩栩如生,让读者仿佛置身于那个苦难与希望交织的世界,体会到了战争给人们带来的痛苦。

　　我认为这本书的写作手法也非常精彩,以对话的形式开始,直接带人进入一个个画面中去。其中肖齐亚的故事可谓跌宕起伏、精彩纷呈,让人仿佛看到了肖齐亚一次次的努力,一次次的挣扎。肖齐亚坚韧与不屈的精神令人感动,也激励着我在面对困难和挑战时,能够勇敢地坚持下去。

总的来说,《泥土城》是一部值得一读再读的好书。这是我第一次看关于阿富汗的故事,感受到了这世界的不同样子,也体悟到了成长就是带着梦想、带着希望一路上披荆斩棘。如果你还没有读过这本书,那么不妨现在就去读一读吧,相信它会给你带来不一样的阅读体验和思考。

🏆 点 评

《泥土城》的作者黛博拉·艾里斯将其悲悯的笔触伸向了那些在艰难困苦中成长的阿富汗儿童,而小作者从内容、写法等角度向我们推荐了这个故事。

文章开篇点明要推荐的书籍信息,迅速切入主题,强调书的社会意义,引发读者好奇。小作者敏锐地捕捉到书中跌宕的情节,如肖齐亚在寡妇之家难民营的生活、她的梦想、她为实现梦想所做的努力等,使读者能快速了解书籍的核心内容。

小作者还分享了自己的阅读感受,语言朴实但真情流露,富有感染力,让我们对不屈不挠的肖齐亚充满了敬意。若能在推荐时列举书中触动人心的金句,或是将肖齐亚与其他书中其他角色对比,突出其独特性,文章会更有深度。

整体而言,这是一篇出色的好书推荐,能有力激发读者对《泥土城》的阅读渴望。

指导老师:黄婷婷

红星闪闪放光彩

——致少年战士潘冬子的一封信

蓝村校区　五(3)班　林子嫣

亲爱的、尊敬的潘冬子哥哥：

　　你好。对你的认识，是来自一首耳熟能详的歌曲《红星歌》，来自一部家喻户晓的电影和同名小说《闪闪的红星》，来自一首激情澎湃的钢琴曲《红星闪闪放光彩》。我是2024年刚满11岁的小学五年级学生，你是九十年前参与革命斗争的少年战士，我们虽处于不同时代的中国，但对祖国的热爱之情却是一样深。

　　1931年，工农红军解放了柳溪，才七岁的你就跟随父母一起参加了"打土豪、分田地"的斗争。你的父亲潘行义在手术中主动将麻药让给他人的行为，使你深受教育。三年后，红军主力被迫撤离柳溪，父亲随部队转移，临行前，他给你留下了一颗闪闪的红星。不久后，红军干部吴修竹向你和母亲传达了遵义会议的精神，增强了你们的勇气和力量。而你母亲的壮烈牺牲，使你更加坚强。在闪闪红星的照耀下，你积极参加斗争：在战斗中破坏了吊桥；巧妙地把盐化成水，并连同情报一起送给游击队；勇敢地砍死了睡梦中的地主恶霸胡汉三，有力地配合了游击队的行动。1938年，江南的红军游击队准备开赴前线，十四岁的你戴上了那颗闪闪的红星，正式加入了红军的行列，踏上了新的征途。

　　了解了你的事迹，我深受震撼：你刚参与革命斗争时，只是一个七岁的普通孩子,但"穷人的孩子早当家",你有着爱憎分明、不畏艰险、机智勇敢、纯洁质朴的品格,心中有着坚定的革命信仰,向着党,向着祖国,不怕牺牲,勇敢斗争,是一个真正的少年战士。在革命年代,为了拯救苦难中的中国和广大贫苦的老百姓,无数和你一样的少年英雄辈出,刘胡兰、王二小、小兵张嘎、"小萝卜头"(宋振中)……你们是引领我们不断奋进向前的旗帜,你们的理想追求就是人类共同的理想追求!你们的民族精神,就是支撑着一个民族开创未来的信心和力量!你们的事迹不会因为时代的变迁而被人们遗忘,相反,你们的壮举将会鼓舞着后来每一代青少年,为着祖国的富强而不懈奋斗!

潘冬子哥哥,我想告诉你,中国共产党领导下的新中国——中华人民共和国——于1949年成立,这条路是无数革命先烈用鲜血铺就的。我们的国旗是五星红旗,红色代表了革命与烈士的鲜血,左上方五颗黄色的五角星代表光明,其中的大星代表中国共产党,其余四颗小星环绕在大星周围,象征中国共产党领导下的革命人民大团结。今年的10月1日是新中国成立七十五周年的日子,风风雨雨走来,新中国曾经遇到很多困难,但在党的有力领导和全国人民的坚定支持下,都一一化解。现在的中国,国运昌盛,国富民强。中国站上了世界的舞台,发挥着举足轻重的力量,外国不敢再小瞧和欺侮我们,人民的衣食住行都有了保障。我可以坐在教室里认真地学习知识,也可以自由穿梭在中国的大地上。中国的发展,有如那风驰电掣的高铁,有如那一飞冲天的火箭,有如那日新月异的电子技术,势不可挡、永远向前。

每当我唱起《红星歌》中"红星闪闪放光彩,红星灿灿暖胸怀,红星是咱工农的心,党的光辉照万代……跟着毛主席跟着党,闪闪的红星传万代"这一句,每当我弹奏起钢琴曲《红星闪闪放光彩》的旋律,我就想到了你!闪闪的红星,在革命年代引领了无数英雄抛头颅洒热血;闪闪的红星,在和平年代指引着无数有名无名的英雄们为国增光,为中华民族的伟大复兴贡献力量;闪闪的红星,一直闪耀在中华大地上。它,是你的信仰,也是我的信仰!

向你致敬!

一名光荣的少先队员　林子嫣

2024 年 10 月

点评

　　小作者以独特的书信形式,将观看《闪闪的红星》这部红色电影的深刻感受娓娓道来,这一创意构思显得尤为新颖别致。在书信中,她仿佛穿越时空,与影片中的主角潘冬子进行了一场心灵的对话,字里行间流露出对潘冬子等革命小英雄的无限崇敬与深切缅怀。小作者被潘冬子那英勇无畏、机智勇敢的精神深深打动,更被他心中那份坚定的革命信仰折服。在回顾了那段烽火连天的革命岁月后,小作者的笔触转而聚焦在新中国成立以来所取得的辉煌成就上。她生动地描绘了新中国如高铁般风驰电掣的发展速度,以及日新月异的社会,字里行间充满了对祖国灿烂前程的无限憧憬与自豪。这些辉煌成就的背后,离不开无数像潘冬子一样的革命先烈用鲜血和生命书写的壮丽篇章。小作者在书信的结尾处,深情地表达了自己为中华民族的伟大复兴贡献力量的决心。她深知,作为新时代的青少年,肩负着传承红色基因、弘扬革命精神的历史使命,她将用自己的实际行动,为实现中国梦而不懈奋斗。

指导老师：凌　洁

读《狼牙山五壮士》有感

懿德校区　二(4)班　秦寅洛

　　读完《狼牙山五壮士》这篇文章,我的心情久久不能平静。这五位英勇的壮士,用他们的生命和热血,谱写了一曲感人的英雄赞歌。

　　《狼牙山五壮士》叙述了 1941 年的秋天,五位抗日英雄胜利地完成了阻击敌人、掩护人民群众和连队转移这一系列光荣而艰巨的任务。在弹尽粮绝,就要被敌人俘虏时,他们毅然跳崖,以身殉国,谱写了一曲惊天地、泣鬼神的英雄乐章。

　　文中这样一个片段最令我感动:五壮士高呼着"打倒日本帝国主义! 中国共产党万岁!",然后昂首挺胸,迈开大步,相继跳下悬崖。这声音惊天动地、气壮山河,喊出了中国人的肺腑之声。多么伟大的五壮士啊! 他们毫不畏惧、不怕牺牲的崇高革命精神永远值得我们学习。五壮士的英雄壮举正是中华民族的脊梁的象征,他们是中华儿女的楷模,他们的英雄气概将长存,他们的英雄事迹将流芳百世、永垂不朽。

　　此外,五壮士的英勇事迹也激励着我勇敢面对困难和挑战。在学习和生活中,我们难免会遇到各种困难和挫折。但是,与五壮士所面临的生死考验相比,这些困难和挫折显得微不足道。因此,当遇到困难时,我会想起五壮士的英勇事迹,激励自己勇敢面对、积极克服,不断挑战自我,成为一个有担当、有责任心的人。

　　这篇文章让我深刻体会到了今天的幸福生活来之不易。现在我们每天坐在宽敞的教室里上课,过着无忧无虑的生活。我们是幸福的一代,可是我们的幸福生活是无数先烈用生命和鲜血换来的。我们要珍惜今天的和平,为祖国的未来发展贡献自己的力量。

我们作为新中国的少先队员,应该以先烈们的精神为动力,勤奋学习、刻苦钻研,掌握科学文化知识,练就过硬的本领,做新世纪的接班人,把祖国建设得更加美丽、富强。

🏆 点 评

这篇读后感展现了学生对《狼牙山五壮士》深刻的理解和感悟。学生在阅读过程中不仅关注了故事情节,更深入思考了其中蕴含的精神内涵。文章结构清晰,情感真挚,语言表达流畅,能够准确抓住五壮士英勇无畏、舍生取义的精神核心,并将其与自身的学习和生活联系起来,具有较强的思想深度,并能引发读者的情感共鸣。

学生在文中特别提到五壮士跳崖时的场景,并用"惊天动地、气壮山河"来形容他们的英雄气概,这种描写既生动又富有感染力,体现了学生对英雄的敬仰之情。同时,学生能够将五壮士的精神与自己的学习和生活相结合,认识到面对困难时应勇敢面对、积极克服,这种联系实际的能力值得肯定。此外,学生还能从历史的角度反思今天的幸福生活来之不易,表达了对先烈的感恩之情和对未来的责任感,展现了其深厚的爱国情怀。

这篇文章不仅完成了对原文内容的复述和总结,还融入了自己的思考和感悟,体现出学生在阅读中的主动性和思考能力。如果能够在语言表达上进一步丰富细节,或者在结尾部分提出一些具体的行动目标,文章会更加出彩。

指导老师：朱思敏

《老人与海》启示我勇敢成长

蓝村校区　　五(3)班　　刘语辰

这个暑假,我读了欧内斯特·海明威写的《老人与海》。书中的主人翁是一位名为桑提亚哥的老人,他有着坚韧的生命力和强大的意志力,向我们展现了他勇敢的人生态度。

故事主要讲的是一个孤独的老人靠钓鱼为生,在过去的八十四天中,他一条鱼都没逮住,所以他来到了大海最深的地方。在这里,他钓到了一条大马林鱼,他好不容易战胜了这条大鱼,准备回家。可就在这时,几条鲨鱼游了过来,它们吃光了大鱼,并开始攻击老人。老人拿起了鱼叉朝鲨鱼刺去,才赶走了它们,死里逃生了。等他回到岸上时,船边只剩下了大鱼的头、尾巴和背骨。可是他却说:"虽然我浪费了我的力气和骨肉,可我始终没有浪费自己的勇气和充满自信的心。"桑提亚哥的话深深地印在了我的心里,启发我要乐观地面对生活中的挫折与失败,我要像老人一样,用自己的智慧和毅力战胜困难,勇往直前。

桑提亚哥这位老人非常勇敢。他身上已满是伤口,可还是坚强地用自己的毅力和耐力继续和大鱼搏斗。在他快晕倒时,他还是凭借自己最后的一丝力气,用鱼叉把鲨鱼赶走了。他已经很年迈了,但他始终勇敢地面对生活中的困难。我也要像他一样勇敢面对任何困难,不轻言放弃。

老人不怨天、不尤人。当他失败时,他坦然地接受了现实,并开始制定生活的目标。在生活中我们也要制定自己的目标,目标就像一座闪亮的灯塔,指引我们前进。

一个月前我和朋友们一起打乒乓球,几轮下来都失败了,我很沮丧。此时,我想起了《老人与海》,文中的老人给了我极大的鼓励。于是,我下定决心制定详细的训练目标。经过不断刻苦练习,我的球技取得了巨大的进步,在最近的一次切磋中,我竟然战胜了队友。

《老人与海》给予我成长的力量,让我勇敢成长,我也要像老人那样,做一个有目标、有毅力、乐观向上的人。

点 评

这篇习作以《老人与海》为主题,深刻阐述了主人公桑提亚哥坚韧不拔的精神对作者成长的积极影响。文章通过细腻的心理描写和生动的情节回顾,展现了作者从书中汲取的力量,以及这种力量如何指导他在现实生活中面对挑战、克服困难。作者巧妙地将个人经历与书中故事相结合,通过打乒乓球的实例,生动展示了制定目标与不懈努力的重要性,进一步强化了《老人与海》所传递的积极信息。整篇文章条理清晰,情感真挚,语言流畅,既体现了作者对文学作品的深刻理解,又展现了其积极向上的生活态度。结尾处,作者再次强调自己要做一个有目标、有毅力、乐观向上的人,这不仅是对自己成长的期许,也是对读者的美好祝愿。这是一篇充满正能量、启发人心的佳作,值得一读再读。

指导老师:凌　洁

好书推荐之《细菌世界历险记》

蓝村校区　五(2)班　江行健

　　"生命是如此奇妙,它不仅存在于我们所看到的世界,还隐藏在微观的细菌世界。"这句话就如同一只无形的手,紧紧地抓住了我的心,让我深陷书中,无法自拔。今天,我想向大家推荐一本书,那就是《细菌世界历险记》。

　　《细菌世界历险记》由著名科学家高士其撰写,由人民邮电出版社出版。这本书不仅仅是一本科普读物,更是一场关于生命的探索。作者通过细菌的视角,以风趣幽默的语言,描述了细菌世界的千姿百态,使读者能够更加直观地了解细菌的生活和特性。

　　书中,作者用"菌儿"的口吻讲述了细菌的故事。这些微小的"菌儿"在微观世界里忙碌地生活着,有的勤劳地寻找食物,有的在勇敢地与其他微生物展开斗争,有的在发挥自己独特的作用……通过这本书,我们可以看到生命的多样性和复杂性,也可以深刻认识到,细菌虽微小,却对整个生态系统有着至关重要的作用。

　　此外,这本书还有知识启蒙的作用。作者通过生动有趣的描述和深入浅出的分析,将复杂的科学知识转化为通俗易懂的语言,让读者在轻松愉悦的阅读过程中不断学习、不断思考。

　　总的来说,《细菌世界历险记》是一本值得推荐的好书。它不仅能够满足读者对科学知识的好奇心,更能够引导我们去思考生命的意义和价值。让我们一起阅读这本书,一起感受生命的伟大和神奇!

⭐ 点 评

小作者是个善于思考和总结的孩子,他通过细致入微的分析,展现了其对作品的独到理解和感悟。

首先,文章结构清晰,层次分明,语言流畅,富有感染力。这种深入浅出的介绍方式,使读者们能够更好地理解作品的深层含义。

其次,文章语言优美,富有文采。在读了《细菌世界历险记》这本书后,小作者运用比喻、排比等修辞手法和生动的描述将自己的感受写下来,让这篇好书推荐变得十分生动有趣。

最后,小作者还强调了细菌与人类的共生关系。《细菌世界历险记》不仅是一本科普读物,更是一本启发思考的书籍,它让我们重新审视与自然界的关系,认识到每一个生命体的价值。相信同学们在读了他的推荐后,也迫不及待要翻开书本来看一看了。

指导老师:周悦欣

以书为友,以书会友

——读《外婆》有感

懿德校区　四(4)班　成芯瑶

《外婆》由长江少年儿童出版社出版。

读完《外婆》,我仿佛穿越回那个简单而纯真的乡村时代,与外婆共度的日子一幕幕浮现在眼前。这本书文字优美,故事有趣,它让我时而愉快,时而倍感温暖,时而受益匪浅……

书中,外婆虽然不识字,但她以独特的方式,教会了我许多生活的哲理。比如,关于诚信,我和外婆约好了去搬砖,却因为放风筝忘记了这件事。外婆说:"说话算数比什么都重要,吐在地上的唾沫舔不起来。""做生意和读书是一个道理,不能三天打鱼,两天晒网。而且做人不能失信。"外婆用她的实际行动证实了这些话。一位老先生预订了外婆手工雕刻的核桃提篮送给他孙子玩,即便外婆感染了风寒,她仍坚持送货上门。

关于读书,外婆说:"动物不读书,是人就得读书。""能把书吃到肚子里的才是真正的读书人。""人读了书才活得明白。"这些话不仅让我受益匪浅,也让我深有感触。

关于人生,外婆说:"人活着就是快乐的,无病无灾就是快乐的。""别抱怨,只有今天吃苦,明天才有福。"

更让我印象深刻的是外婆对待困难的态度。她虽身处贫困,却从不抱怨,总是以乐观的态度面对生活的种种挑战。她用实际行动告诉我,清白做人,笑对艰难,是生活的真谛。这让我明白,无论生活给我带来多少困难,我都要坚持自己的原则,保持乐观的态度。

这本书让我深刻体会到,亲情的力量是无穷的,尤其是外婆那种无私的爱。这也让我想到了我的亲人们对我无处不在的爱,它像一盏明灯,照亮了我前行的道路,也让我懂得了感恩和珍惜。

☆ 点 评

小作者从书中的外婆处知道了对读书、对人生等事情的态度,处处皆智慧,值得青少年学习,字里行间流露出真挚而细腻的情感,令人动容。作者以朴实的语言,深刻描绘了与外婆相处的温馨片段,不仅展现了亲情的温暖与力量,也反映了对外婆深深的怀念与敬爱。文中通过对外婆日常细节的刻画,如慈祥的笑容、细腻的关怀,成功地勾勒出一个鲜活而令人难忘的人物形象,使读者仿佛能穿越时空,亲身感受那份浓厚的祖孙情谊。

值得一提的是,学生在表达个人情感的同时,还能够巧妙融入对生活哲理的思考,体现了深刻的阅读感悟与自我反思。文章结尾处的情感升华,既是对外婆无尽的思念,也是对未来生活的积极展望,给人以鼓舞和启迪。

这篇读后感情感真挚、内容丰富、文笔流畅,展现了学生良好的阅读理解能力及情感表达能力。希望学生能继续保持这份对生活的敏感与热爱,继续在文学的海洋中遨游,用笔尖记录更多美好与感悟。

指导老师:徐石颖

圆梦于书海

蓝村校区　五(1)班　严梓瑶

或许,你没有机会潜入海底,但《海底两万里》给了你探索海洋的机会。

或许,钻入树洞是痴心妄想,但《爱丽丝梦游仙境》让你实现了愿望。

或许,你不会前往大人国和小人国,但《格列佛游记》会告诉你那边的奇幻。

或许,你没机会体会亲兄妹之情,但《青铜葵花》会让你体会到这份亲情的可贵。

或许,你很想知道自己变小后会发生什么,《小布头奇遇记》会为你解答。

或许,你认为的快乐是刷手机、打游戏,《草房子》会为你展示另一种不同的快乐。

或许,你认为凶残的动物不会理解"爱",《狼王梦》会告诉你即使是狼也有满满的母爱。

或许,你有许许多多天马行空的想法,看似不可能实现,但书会帮你实现。

书中的故事,丰富而有趣;书中的人物,形象而生动。这便是书的魅力。

书中自有黄金屋,愿你有一天也能圆梦于书海。

　　《圆梦于书海》这篇文章的写作手法非常新颖,小作者运用一系列生动的排比句式表达出自己用阅读实现梦想的信念,也表达出自己在书海中遨游的快乐。这篇习作巧妙地展现了书籍作为知识与想象之门的魅力。文章内容丰富,提及了多部经典文学作品,如《海底两万里》《爱丽丝梦游仙境》《格列佛游记》等,展示了书籍内容的多样性和广泛性,涵盖了科幻、奇幻、现实主义等多个文学体裁。字里行间情感真挚,通过对书籍中亲情、冒险、快乐等主题的提及,传达了书籍能够触动人心,使读者体验到不同情感的力量,如《青铜葵花》中的亲情可贵,《草房子》中的纯真快乐。全文语句流畅、用词恰当,写得非常好!

指导老师:洪佳玫

读《稻草人》之《花园外》有感

蓝村校区　二(1)班　蒋心悦

这个暑假，我读了叶圣陶爷爷写的《稻草人》这本书，它是由上海教育出版社出版的。书里有二十三个童话故事，内容都是关于很久以前中国人的生活。叶爷爷写的故事很动人，跟别的童话不一样，他的故事里没有王子和公主，只有真实的人和事，描写了二十世纪二十年代中国的人间生活百态，展现了当时劳动人民的苦难。这些故事不仅带我走进奇幻的童话世界，还教会我很多为人处世的道理。

在这本书中，《花园外》这个故事令我印象最深刻。它讲的是一个叫"长儿"的孩子很想进一个花园玩，但是他妈妈是一个洗衣工，他们地位卑微，家境贫寒，长儿不能像其他孩子那样去花园玩。长儿只能在梦里前往花园，但每次要进去的时候，都会遇到一些困难，让他不能成功。

在《花园外》这个故事中，最能引发我思考的是文中最后一句话："他似乎进去逛过了，但是仍旧不知道花园里的情景，虽然只隔着一道围墙，而且花园的大门还敞开着呢！"这道"敞开着却无法进入的围墙大门"究竟是什么呢？为什么长儿"不配"逛花园？为什么长儿在梦境中进花园会被凶恶的大汉拦住索票？为什么在梦境中"衣着光鲜坐着马车的孩子"进花园时大汉却消失不见了？其实，这就是当时社会中存在的阶级门第的差异、贫富有别给幼小孩子带来的巨大伤害。长儿的内心多么渴望走进花园，采摘一朵红花插在平日里辛苦劳作的母亲头上。但是,这个纯真美好的愿望,对他而言却成了海市蜃楼,他始终只能在花园门口徘徊做梦,无法真正走进花园一步!

如今,虽然我们生活在社会主义的和谐时代,身处一个更平等、团结、富强的社会,但仍然有一些小孩因为种种原因不能做他们想做的事,享受不到同样的快乐和机会。比如在偏远的山区,和我同龄的小朋友想要读更多的课外书却读不到。叶爷爷的故事让我想到,不论我们出生在什么样的家庭,都应该追求自己的梦想,并努力去实现它们。所以我不仅要更加珍惜我现在的生活,也要力所能及地帮助那些不幸的人,让这个世界变得更公平。希望未来每个人都能有机会享受到美好的事物,没有人只能在门外徘徊做梦。我们可以通过努力学习和互相帮助,一起创造一个更美好的世界!

🏆 点评

这篇读后感篇章结构清晰明了,开头先介绍了自己阅读的书籍和作者,然后简要概述了书中的内容,接着详细描述了《花园外》这个故事留下什么深刻印象,并引发思考。最后,联系现实,表达了自己的感悟和愿望。整篇文章条理清晰,逻辑连贯,让读者能够轻松地跟随小作者的思路走进其内心世界。

语言表达方面,文字虽稚嫩却质朴自然,能够流畅地将自己的感受与思考表述出来。尤其对文中关键语句的剖析,如对"敞开着却无法进入的围墙大门"的解读,体现出小作者的思考深度。

从思想深度来看,小作者没有局限于故事本身,而是将其与现实生活相联系,联想到偏远山区孩子读书的困境,进而引发对公平的思考,意识到要珍惜当下并帮助他人,字里行间流露出善良与责任感。

当然，作为二年级学生的作品，在表述上或许还不够成熟，语句稍显简单直白。但瑕不掩瑜，这篇读后感已展现出作者远超年龄的理解能力与思想境界，希望作者继续保持对阅读的热爱，在今后的写作中不断提升语言运用能力，书写出更精彩的感悟。

指导老师：金雨璠

读《独一无二的你》有感

蓝村校区　二(2)班　黄亦意

《独一无二的你》是我幼儿园时期阅读的一本绘本,它给我带来了深深的触动,至今我依然很喜欢,时不时地翻阅,鼓励自己。

绘本中的画面色彩鲜艳,文字简洁却富有力量。它让我明白,我们每个人都是独一无二的个体,都有着独特的闪光点。

书中的鱼爸爸和鱼妈妈对孩子起着重要的引导作用。鱼妈妈的温柔慈爱,像温暖的阳光,给予孩子无尽的安全感;鱼爸爸的勇敢和智慧,为孩子树立了积极探索世界的榜样。

这本绘本告诉我们,无须羡慕他人,要勇敢自信地展现自己的独特。就像里面的小鱼们,各自有着不同的色彩和斑纹,却都美丽而独特。

在生活中,我们常常会因为想要迎合他人而忽略了自己的独特之处。这本绘本提醒着我们,要珍视自己的个性,相信自己的价值。

总之,《独一无二的你》是一本充满温暖和鼓励的绘本,让我更加坚定地相信,保持独特,才能绽放出最绚烂的光芒。

🏆 点　评

文章以声情并茂的语言回顾了《独一无二的你》这本童年时期阅读的绘本,并深入探讨了其对自己成长过程中价值观形成的重要作用。作者重点强调了故事中角色形象(如鱼爸爸、鱼妈妈)所带来的正面影响,通过这些角色的行为与性格特征,传递出了关于自我认同和个性发展的重要性。特别值得肯定的是,作者能够联系实际生活经验,指出人们往往容易在追求外界认可的过程中迷失自我,而这本书恰到好处地提醒我们珍惜并发挥自己的独特之处。这种反思不仅加深了作者对书籍内容的理解,同时也体现了其对于个人成长和社会现象敏锐的观察力。作者用"保持独特,才能绽放出最绚烂的光芒"这句话结尾,既呼应了开头提到的"深深触动",又升华了主题思想,给人留下了深刻印象。

指导老师:李文婷

读《我有一只猫，足以慰风尘》有感

懿德校区　四(2)班　金芃羽

微风轻拂梧桐树叶，发出窸窸窣窣的声响，婆娑的树影下，我仿佛看到了几只小猫穿梭在梧桐大院的身影。不知现在梧桐大院一切可还安好。

学了老舍先生写的《猫》后，我感觉到了小猫的淘气可爱，也感受到了老舍先生笔下琐碎温馨的生活。对猫念念不忘的我读起了《我有一只猫，足以慰风尘》这本书。这是一本关于大橘、三宝、五宝这三只猫咪的温暖故事。作者张好好细心地呵护着它们，从它们身上汲取着快乐与温暖，内心也变得更加柔软、豁达了。

我曾经不明白，生命的意义是什么。弟弟说，是买琳琅满目的玩具；妈妈说，是努力工作，过上自己想要的生活，让孩子更加幸福。当我读完这本书，似乎有了一个模糊的答案，人生也许有许多不可控的事，但永远不要忘记那份随意和自由。就像书里那只叫"大橘"的猫一样，沐浴在阳光下，三餐四季，大大咧咧，随性所为。在人迹罕至的楼顶，被满眼的绿色包围，踏着恣意的步伐，自由自在。

书上说："生命的愿望并不复杂，活着，去爱，去享受生活，仅此而已。"就像作者张好好与她的几只小猫一样，过着每日重复的生活，却从不厌烦，更没有愁苦。深夜回来走过熟悉的街头小路，小路尽头有扇温暖的门，门后有个挂念你的人。

看完这本书，我觉得，生命的意义不在于大富大贵，而在于身边总有爱护你的家人,或与动物相互陪伴,勇敢去享受属于自己的人生。

点 评

阳光温柔,猫狗可爱,我们的动物朋友最是治愈人心。小作者开篇以细腻的环境描写引入,营造出温馨的氛围,瞬间将读者带入情境之中,引发读者对梧桐大院和猫咪的遐想。又由老舍先生的《猫》过渡到《我有一只猫,足以慰风尘》这本书,自然流畅地阐述了自己的阅读缘由,体现出对猫这一主题的浓厚兴趣。

小作者联系自己的生活经验写下了对这本书的真实感受,文中通过家人观点的对比,联想到书中大橘猫的生活状态,凸显出从书中获得的独特启示,让抽象的生命意义变得具体可感。文章结尾总结生命的意义在于家人和动物的陪伴,强调了简单生活中蕴含的幸福真谛,让读者对生命的意义也有了更深的思考。小作者真情流露,文章具有一定的感染力。

指导老师:黄婷婷

《青鸟》读后感

蓝村校区　三(3)班　胡耀文

近日,妈妈送了我作家榜经典名著系列中的一本书——《青鸟》。作者是比利时家喻户晓的剧作家、诗人、散文家莫里斯·梅特林克。这本书译自 1920 年法国原版的《青鸟》,增加的插图多达 81 幅,非常精美。翻开书本,这只神奇的青鸟会带你找到真正的幸福。

剧中的迪蒂尔和米蒂尔是两个充满好奇心的孩子,他们接受了寻找青鸟的使命。在这段奇妙的旅程中,他们穿越了回忆国、夜宫、森林等地,遇到了各种各样的人物和动物,每一次的遭遇都是对幸福含义的探索和体验。他们最终明白,幸福并非外在的物质财富,而是内心的满足和对生活的热爱。

《青鸟》告诉我们,真正的幸福来自对生活的感悟和对身边人的爱。当我们放慢脚步,细细品味生活中的每一个瞬间,就会发现幸福其实就在我们身边:家人的陪伴、朋友的笑声、每一次小进步,甚至是一顿美味的饭菜。青鸟虽然最终没有被带回现实世界,但寻找青鸟的过程让人学会了珍惜和感恩。这也让我意识到,幸福不是一成不变的目标,而是不断追求和体验的过程。幸福需要我们用心去感受、创造和维护。

《青鸟》这部作品也让我重新审视了幸福的定义。幸福不是远在天边的梦想,而是我们身边的现实。幸福是什么?幸福是阳光洒落在你的肩膀,朋友对你友好的微笑,微风吹动的白云,掠过的柳条……生命的本身就是一种幸福的馈赠。

点评

　　文章结构清晰,充满了真情实感,体现了作者良好的语言驾驭能力。本文描写了书中孩子们在寻找幸福的过程中所经历的奇妙旅程,通过穿越不同的地方、遇到各种各样的人物和动物,他们不断地探索和体验幸福的含义。小作者对《青鸟》这本书的内容概括简洁明了,精准地抓住了迪蒂尔和米蒂尔寻找青鸟这一关键情节,生动地描绘了孩子们的冒险经历。小作者是一位善于思考且内心细腻的读者,语言优美且富有诗意,能很好地将内心想法转化为生动的语句。在表达自己的感悟时,他能结合生活实际,列举家人陪伴、朋友笑声等日常点滴,深刻阐述幸福就在身边,需要用心感受、创造、维护的观点。

指导老师:倪　源

读《狼王梦》有感

懿德校区　五(5)班　陈雨轩

书，是黎明的阳光，照亮我前进的道路；是潺潺的清泉，滋润我幼小的心；是凉爽的清风，伴随着我快乐地成长。今日读了《狼王梦》，让我感到十分震撼。

《狼王梦》是沈石溪先生写的一部经典动物小说，他用细腻的笔墨描绘了一个关于母爱、梦想与牺牲的感人故事。

在广阔的尕玛尔草原上，一场飞沙走石的大雨中，失去了伴侣黑桑的母狼紫岚在与猎狗厮杀周旋中艰难地产下了五只小狼崽。由于环境恶劣，紫岚最小的孩子出生就夭折了，看着其他嗷嗷待哺的孩子，紫岚来不及悲伤就得振作起来。为了实现丈夫的遗愿，为了自己的后代能出"狼"头地。她坚韧不拔地训练自己的孩子成为强者，希望孩子有朝一日能够成为狼王。在弱肉强食、汰劣留良的严酷自然环境下，紫岚和孩子们艰难地成长着。大儿子黑仔勇敢顽强，傲视一切，是小狼中的佼佼者，却死于金雕之口；二儿子蓝魂儿有勇有谋，顽强勇敢，却死于猎人的陷阱之下；三儿子双毛机智凶悍，在狼王争霸中，却因内心的自卑而无法发挥出真正的实力，最终被狼王杀死。紫岚一次又一次地失败，她失去机会，失去孩子，失去自己的青春年华。一路走来她没有退缩，没有气馁，勇往直前，直到与金雕同归于尽。

紫岚一生近乎偏执地坚持着一个壮烈辉煌的梦想，这是一个悲惨、悲壮的奋斗过程。同时紫岚对孩子的爱是振奋人心的、是伟大的！尤其是目睹二儿子蓝魂儿掉入陷阱后，她心如刀绞，却无能为力，最终选择亲手结束自己孩子的生命，只为带走他的身体，不让他独自留在冰冷的捕兽夹下！

紫岚和孩子们奋斗的艰辛和痛苦，成功的兴奋和喜悦，与所有地球生命的本质精神都是一样的，那就是坚强生存，努力拼搏，坚守信仰，追求辉煌。赶快去读《狼王梦》吧，在怀揣美好愿景的成长道路上，不管前方如一马平川还是高山险滩，你一定能更懂得坚强与爱！

🏆 点 评

这篇作文介绍了《狼王梦》这本书，紧扣了书中的内容，表达了对母爱、梦想与牺牲的深刻感悟。文章整体结构清晰，情感真挚，但在语言表达和细节描述上还有提升空间。作者在文章中详细描述了《狼王梦》的故事情节，例如"为了实现丈夫的遗愿，为了自己的后代能出'狼'头地。她坚韧不拔地训练自己的孩子成为强者，希望孩子有朝一日能够成为狼王。"这段文字很好地展现了紫岚的坚韧和母爱。作者详细介绍了《狼王梦》中紫岚和孩子们的成长经历，如"大儿子黑仔勇敢顽强……却死于金雕之口"，使读者对故事有了清晰的了解。作者在文中表达了对紫岚母爱的感动，如"紫岚对孩子的爱是振奋人心的、是伟大的"，情感真实，令人动容。

指导老师：郑楚楚

读《我爱我的祖国》有感

蓝村校区　二(3)班　杜奕沁

　　最近，我读了一本叫《我爱我的祖国》的书，它就像一把钥匙，为我打开了认识祖国的大门，让我对我们的国家有了更多的了解，也让我更加热爱我的祖国。

　　在书里，我看到了祖国辽阔的大地，有雄伟的高山、奔腾的河流、广袤的森林和一望无际的草原。从书中的图片里，我看到了长城像一条巨龙蜿蜒在山间，黄河水滚滚流淌，那场面真是太壮观了！我还知道了祖国有五千年的悠久历史，有古老的四大发明，有精美的丝绸和瓷器，这些都让世界为之惊叹。

　　我了解到我们的祖国过去经历了许多困难和挑战。侵略者想要抢走我们的土地和财宝，但是很多勇敢的英雄站了出来，他们不怕牺牲，和敌人顽强战斗，保护了我们的祖国和人民。老师给我们讲过抗日英雄王二小的故事，书里也有很多像他一样的英雄，他们的故事让我感动得流下了眼泪。

　　现在，我们的祖国变得越来越强大了。有高高的大楼、宽阔的马路，还有跑得飞快的高铁和在天空中翱翔的大飞机。我们可以在明亮的教室里学习，还能在大大的操场上玩耍，每天都能愉快地学习和生活。我知道，这都是因为有很多很多的人在努力工作：有科学家在研究新的技术，有工人在建造新的房子和道路，有农民在种出好吃的粮食和蔬菜，还有解放军叔叔在保卫我们的安全……

读了这本书，我觉得我的祖国真的好棒！我为自己是一名中国人感到骄傲和自豪。虽然我现在只是一名二年级的小学生，但是我要努力学习，学会很多的知识和本领，等我长大了，就能为建设更美好的祖国做出贡献。

🏆 点 评

情感真挚浓烈堪称一大亮点。小作者恰似一位赤诚的爱国小使者，捧着一颗滚烫的真心，沉浸于书中的祖国山河画卷，为长城的雄伟、黄河的磅礴所震撼，在历史的长河中溯源，被古老发明、精美器物所折服，更为英雄们的英勇无畏潸然泪下。这份对祖国纯粹且炽热的爱，如春风拂面，直击读者心灵。结构上，文章仿若精心搭建的积木城堡，稳固而有序。开篇简洁有力地引入书籍，开启探索之旅；中间段落恰似层层递进的展厅，依次陈列祖国的壮丽风貌、厚重历史、往昔艰辛与今朝辉煌，脉络清晰，一目了然；结尾水到渠成，将个人成长与祖国紧密相连，回扣主题，完整且精巧。

再者，小作者展现出了出色的知识迁移能力，将校园所学、生活所感与书本知识深度融合。老师讲述的王二小故事为文章添彩，日常学习的教室、嬉戏的操场等熟悉场景信手拈来，书本与现实交织，让文章扎根生活，鲜活灵动。

指导老师：余圣逸

第三部分

TONG YAN SHI YU

童言诗语

爱 之 银 行

蓝村校区　二(3)班　王廷予

如果爱是钱的话,妈妈您就像我的银行。

一句句叮咛,存进我小小的心房。

每次拥抱,好像利息慢慢添上,

您的怀抱最安全,比任何保险箱更强。

您的微笑比金银更加闪亮,

让我明白生活的模样,

让我看到爱如何流淌,

妈妈,您就是我心中特别的"爱之银行"。

🏆 **点 评**

　　这首写给妈妈的小诗,满溢着孩子对母亲细腻而深沉的爱,宛如一汪清泉,澄澈且动人。诗歌中将妈妈比作"爱之银行",这个比喻别出心裁,打破常规,赋予母爱以金融储蓄的意象,"叮咛"如存款、"拥抱"似利息,既贴合生活实际又充满想象力,让人眼前一亮,为整首诗奠定温馨而新奇的基调。

　　整首诗情感表达真挚饱满,毫无保留地倾诉着对妈妈的依赖与感恩,字里行间能感受到孩子在妈妈的关怀下内心的富足。无论是微笑带来的生活指引，还是怀抱给予的安全感，都展现出母爱的力量，引发读者强烈共鸣，一同沉浸在这温暖的亲情氛围之中。

指导老师：余圣逸

爱 祖 国

懿德校区　二(2)班　周高屹

祖国,我爱你,
五星红旗照我心。
长江黄河是我的血,
泰山黄山是我的骨骼。

祖国,我爱你,
每寸土地都是我的母亲。
南国的稻谷,北国的麦,
东海的鱼,西山的果。

祖国,我爱你,
亿万人民团结一心。
为了你的繁荣和强大,
我们愿献出一切。

🏆 **点 评**

　　小朋友通过具象的自然景观和物产来表达对祖国的爱。例如,
"五星红旗照我心"中的国旗象征着国家,而"长江黄河是我的血,泰

山黄山是我的骨骼"则将国家的自然地理特征人格化,形象地表达了祖国在作者心中的重要地位。诗歌的语言简洁明了,没有复杂的修辞,却能够强烈地传达出作者的情感。如"每寸土地都是我的母亲"这句话,简单直白,却饱含深情。

指导老师:朱思敏

春天来了吗

懿德校区　一(4)班　钱智博

春天来了吗？

去问问苏醒的泥土。

春天来了吗？

去问问绽放的桃李。

春天来了吗？

去问问飘扬的柳丝。

春天来了吗？

去问问屋檐下的燕子一家。

🏆 点评

　　这首诗以天真无邪的问句开篇，重复的句式如同孩子的声声追问，充满童趣与好奇。小作者通过向苏醒泥土、绽放桃李、飘扬柳丝、燕子一家发问的形式，巧妙地选取了一系列极具代表性的春天意象，从大地到植物，再到动物，用简洁生动的笔触多方位勾勒出春天的轮廓，让读者仿佛置身于万物复苏的春景之中，感受到春天的气息扑面而来。

指导老师：付欣晨

冬天是个魔法师

懿德校区 二(1)班 于 屹

冬天是个魔法师，
魔杖一挥白了地。
雪花飘飘洒下来，
好似白糖铺万里。

冬天是个魔法师，
魔杖一点冰了溪。
河水静静睡梦里，
透明镜子真神奇。

冬天是个魔法师，
魔杖一扬冻了枝。
梅花点点笑寒时，
风中傲立展英姿。

🏆 点 评

　　小作者展现出了敏锐的观察力，能够精准捕捉冬天独具特征的事物，并进行细腻描绘。其文章句式工整，语言生动且押韵，读来朗朗上口。尤为值得一提的是，"白""冰""冻"三个动词的巧妙运用，仿佛赋予了冬日景象以魔法，生动再现了雪花轻盈飘洒、河水缓缓结冰、梅花傲霜斗雪的过程之美。加之比喻、拟人等修辞的点缀，更使小诗意蕴悠长，画面感十足。

指导老师：季智慧

加 油，奥 运

蓝村校区　二(1)班　刘君怡

加油声,喊起来!

奥运赛场真热闹。

阿条姐,干饭哥,

奥运首金真厉害。

全妹妹,芋汐姐,

谁与争锋无人敌。

十四岁,小宸曦,

勇闯奥运得佳绩。

乐乐哥,乐呵呵,

世界纪录把它破。

大中国,健儿多,

个个争光顶呱呱!

点 评

　　小作者十分关注 2024 年巴黎奥运会,用自己的文字为中国健儿加油助威。作者列举了阿条姐、干饭哥、全妹妹、芋汐姐等奥运健儿的昵称和他们的成就,运用富有节奏感的短句,使文章不仅读来朗朗上口,而且生动表现了中国健儿在奥运赛场上的卓越风采和无人能敌的实力。作者的语句也十分简洁明了,没有过多的修饰,却能让读者直观感受到作者的热情和对奥运健儿的赞美之情。

指导老师:金雨璠

家

（一）

懿德校区　一(3)班　杨沐晨

大海是水母的家，
夜空是月儿的家，
草地是花朵的家，
校园是学生的家，
宇宙是木星的家，
地球是人们的家，
人人都要爱护它。

（二）

懿德校区　一(3)班　朱宇轩

蔚蓝的大海是海豚的家，
浩瀚的宇宙是行星的家，
巍峨的大山是树木的家，
碧绿的草地是蟋蟀的家，
丰收的果园是果子的家，
美丽的地球是人类的家，
爱护地球家园从我做起。

🏆 点 评

    这两首儿歌以"什么是什么的家"为创意核心,编织了一幅幅温馨而生动的画面,充满了童真与诗意。结构上,每行诗句都遵循了相同的句式,形成了整齐划一的节奏,读起来朗朗上口。内容上,巧妙地选取了自然界中有代表性的元素进行配对,如"大海与水母""草地与蟋蟀"……激发读者对自然界的探索欲和好奇心。同时,小作者通过儿歌传达了一个深刻而简单的道理:每一个生命和物体都有其归属和家园,而这些家园需要我们共同去珍惜和爱护。

指导老师:张　激

家乡的四季

懿德校区　二(2)班　徐睿呈

春风吹拂柳轻扬，
河水清清鱼儿游。

夏日荷叶水中漂，
青蛙鼓腮呱呱叫。

秋色映照金稻谷，
大雁南飞"人"字排。

冬雪覆盖两岸边，
来年丰收农民笑。

如画家乡我爱你！

🏆 点评

　　诗歌结构清晰，情感真挚，按照春夏秋冬的时间顺序展开描绘，展现了家乡的自然风光和生态之美。每个季节都有其独特的景色和生动的细节，如春风拂柳、河水清澈、夏日荷叶、青蛙叫声、秋天的金稻谷和大雁南飞、冬天的雪景等,这些细节共同构成了一幅幅美丽的画面。诗句短小精悍,让读者身临其境的同时又感受到了小作者浓浓的乡情。

指导老师:朱思敏

礼 貌 歌

蓝村校区　三(3)班　周鹤轩

精神好，衣领正，
见到老师要问好。
对不起，没关系，
打扰别人把歉道。
谢谢您，没事的，
他人帮忙要感谢。
请请请，您先来，
尊老爱幼懂谦让。
时刻记住有礼貌。

点 评

　　小作者以简洁明快的语言，生动诠释了礼貌行为的重要性。从整理衣领、向老师问好，到道歉、感谢、谦让等日常礼仪，内容全面且贴近生活实际。每句都押韵工整，读来朗朗上口。不仅教育孩童要讲文明、懂礼貌，还传递了尊老爱幼、谦和待人的中华传统美德，简短但有深度。

指导老师：彭　英

秋　　天

懿德校区　一(1)班　周昱辰

秋风阵阵吹，

白云朵朵飘，

天气一天天凉了。

一片片树叶在风中飞舞，

好像一只只美丽的蝴蝶。

红的，黄的，半黄半绿的……

他们飞呀，飘哇，

纷纷向树妈妈告别。

🏆 点　评

　　在小诗人笔下，秋日宛如一幅灵动画卷，她用比喻、拟人的修辞写出了树叶落下的优美与调皮，那些丰富的颜色增添了秋的绚丽。作者细腻的笔触让读者一秒入秋。秋风似温柔使者，轻轻推动着白云悠悠漫步。树叶也耐不住寂寞，纷纷挣脱枝头的束缚。瞧，那一片片落叶，似一只只五彩斑斓的蝴蝶，在空中翩翩起舞；又像一群调皮的孩子，嬉笑打闹着奔赴大地怀抱。红的似火、黄的如金，各种色彩交织，将秋天装点得绚丽多姿。作者笔触细腻，令读者瞬间沉醉于秋意之中。

指导老师：朱智贤

秋　叶

懿德校区　五(2)班　刘梓晨

走在小径上，
观赏两道的树木，
只见树上停着无数只，
红色的、黄色的蝴蝶——
不，那不是蝴蝶，
是纷纷扬扬的落叶。

秋天派秋风，
送来落叶信封。
打开信封，
是一份邀请函，
它邀请我们去
果实累累的秋天。

看那金黄的麦田，
看那丰硕的果实，
再看那勤劳的农民，
脸上洋溢着幸福的笑容，
他们热情地

欢迎着秋天。

再回头看那落叶，
它早已飘到河面上，
不知载着谁
乘风破浪去了。

🏆 点 评

　　小诗开篇将落叶比作"红色的、黄色的蝴蝶"，形象地描绘出落叶轻盈、绚丽的姿态，瞬间抓住读者的眼球，赋予落叶以生命的活力。接着，小诗人用细腻的语言描绘出由秋叶引出的遐想，许多个秋天的片段如浮光掠影般闪现于诗中，构思巧妙，使诗歌充满了趣味性和故事性。最后，小诗人还给诗歌留下了一个充满遐想的结尾。整首诗语言简洁却富有画面感，邀我们共赴一场秋日的诗意之旅。

指导老师：黄婷婷

如果我有一双翅膀

懿德校区　一(4)班　江哲锌

如果我有一双翅膀，

你猜我会飞到哪里？

我想飞到天空中，

去看看太阳有多圆。

我想飞到夜空中，

去看看星星有多亮。

我想飞到大海里，

去看看海底有多深。

我想飞到沙漠里，

去看看流沙的吸力有多强。

我想飞到宇宙去，

去看看宇宙有多神秘。

🏆 点评

　　这首诗充满了天马行空的想象与对未知的强烈好奇。诗句简洁明快，直抒胸臆。通过不断重复"我想飞到……去看看……有多……"的句式，强化了情感的表达与探索欲的传递，使读者能深切地感受到小作者对天空、夜空、大海、沙漠、宇宙等不同场景的向往与憧憬,仿佛跟随小作者一同展开了奇幻的飞行之旅,去探寻世间万物的奥秘。

指导老师：付欣晨

十二月蔬菜歌

懿德校区　二(3)班　史青恬

正月菠菜方吐绿，二月葱苗甜又鲜。
三月豌豆胖鼓鼓，四月竹笋雨后生。
五月黄瓜脆嫩嫩，六月番茄挂灯笼。
七月茄子头朝下，八月辣椒红似火。
九月花生地里藏，十月萝卜脆甜甜。
冬月白菜家家有，腊月芹菜香喷喷。

🏆 点 评

　　这段诗歌通过生动的比喻和形象的描绘，展现了一年十二个月中不同蔬菜的生长状态和特点。每一种蔬菜都被赋予了鲜活的生命力，仿佛在向我们讲述它们的成长故事。这段诗歌不仅富有节奏感和韵律美，还充满生活气息和自然之美。我们仿佛看到了一幅幅生动的画面，感受到了大自然的神奇和生命的蓬勃。同时，这段诗歌也提醒我们要珍惜大自然的恩赐，关注生活中的点滴美好。

指导老师：韩　娟

十二月水果歌

懿德校区　二(3)班　龚泽宇

瑞月甘蔗节节高,二月橄榄两头黄。
三月菠萝金灿灿,四月山竹白玉瓣。
五月红莓赛宝石,六月樱桃似玛瑙。
七月蜜桃醉枝头,八月西瓜满地滚。
九月葡萄紫气来,十月汾梨人不离。
仲冬金橙瑞气旺,腊月柿柿称心意。

🏆 点　评

　　小作者的诗歌仿写句子流畅、有韵律感,他不仅理解了原诗的意境,还巧妙地加入了自己的创意和想法。从作品中可以看出,小作者对文字有较强的掌控能力,同时具备一定的文学积累和细腻的观察能力。这种能力不仅体现在语言的运用上,更体现在情感的表达中。例如,"瑞月""仲冬"等词的运用增强了诗歌的文学魅力。整首诗情感真挚,意境优美,语言自然清新,令人耳目一新,也传递出昂扬向上的正能量。

指导老师：韩　娟

书中的北京

蓝村校区　五(1)班　胡家铭

暑期闲来读诗书，
畅聊北京百年兴。
京城风貌映眼帘，
古都繁华绕心间。
长城巍峨雄关道，
颐和园水飞孔桥。
故宫深处历史长，
天安门前旗飞扬。
人民英雄永不朽，
革命传承当自强。
夜色渐浓华灯亮，
繁华首都入诗章。
此篇不负好时光，
北京记忆永不忘！

🏆 点 评

这首诗写得真好！诗句中不仅把北京的著名景点都罗列出来，还表达了自己对人民英雄的崇敬之情。整首诗押韵，停顿安排合理，读起来朗朗上口。另外,诗歌意象丰富,选用了长城、颐和园、故宫、天安门等具有代表性的北京地标,通过对"巍峨雄关道""水飞孔桥"等的生动描绘,展现了北京作为古都的独特风貌和深厚历史底蕴,读者还能在诗歌中体会出作者真挚的情感。无论是对历史遗迹的赞叹,还是对现代繁华的描绘,都表达了作者对北京这座城市的热爱之情。

指导老师:洪佳玫

说　话

蓝村校区　一(1)班　董淮清

小狗说话,汪汪,汪汪。

小鸟说话,叽叽,叽叽。

小羊说话,咩咩,咩咩。

小蛇说话,嘶嘶,嘶嘶。

小猪说话,呼噜,呼噜。

小老虎说话,嗷呜,嗷呜。

小老鼠说话,吱吱,吱吱。

救护车说话,滴嘟,滴嘟。

北风说话,呼呼,呼呼。

小鼓说话,咚咚,咚咚。

闹钟说话,丁零,丁零。

钢琴说话,叮叮,叮叮。

锤子说话,咚咚,咚咚。

烟花说话,砰砰,砰砰。

闪电说话,轰隆,轰隆。

🏆 **点　评**

　　这首小诗以生动形象的拟声词,描绘了不同事物发出的声音,富有童趣和韵律感。

　　首先,诗歌通过列举小狗、小鸟、小羊等动物的声音,展现了自然界的多样性和生动性。接着,诗歌将范围扩大到一些事物或特殊情境的声音,如救护车、北风、小鼓等。每种声音都用简洁明了的拟声词来表达,如"汪汪""叽叽""滴嘟"等,对这些声音的描绘生动且贴切,也易于读者理解。

　　此外,诗歌在形式上采用了简洁明快的排比句式,使得整首诗歌节奏鲜明,易于诵读和记忆。

指导老师:顾　赟

四　季

蓝村校区　一(2)班　陈韵安

柳枝弯弯,她对燕子说:"我是春天。"
西瓜圆圆,他对孩子说:"我是夏天。"
枫叶飘飘,她跳着舞说:"我是秋天。"
梅花点点,她傲立着说:"我是冬天。"

🏆 点 评

　　这首仿写的儿歌展现了作者独特且灵动的思维与丰富的想象力。小作者巧妙地抓住了四季代表性事物的典型特征进行创作。柳枝在春天随风飘动,西瓜于夏天成熟圆润,枫叶在秋天纷纷飘落,梅花在冬天傲雪绽放。通过精准的观察与归纳,将这些事物与四季一一对应,构建起清晰的逻辑联系,体现出小作者对自然现象细致入微的认知和有条理的思考。

指导老师:叶婕妤

四季的旋律

蓝村校区　二(2)班　杨婧怡

春天来了小草绿，
花儿开满枝头上。
夏天太阳高高照，
我们玩水笑哈哈。

秋天叶子黄又黄，
果实成熟满园香。
冬天雪花飘呀飘，
我们堆雪人真热闹。

一年四季真有趣，
四个季节不一样。
春夏秋冬轮流转，
季节变换不停歇。

🏆 **点评**

这首儿歌以简单明快的语言和朗朗上口的节奏，描绘了一年四季的主要特征以及每个季节给人们带来的不同体验。它不仅能够帮助孩子们认识自然界的周期性变化,还能够激发他们对周围世界的好奇心和观察力。最后四句总结了全诗的主题,即四季各有特色,它们按照一定的规律循环更替。这样的描述有助于儿童理解时间的概念,并感受到自然界不断变化的魅力。

指导老师:李文婷

太 阳 圆 圆

蓝村校区　一(1)班　顾小斐

太阳圆圆挂天上，
月亮圆圆照水里。
月饼圆圆人团圆，
元宵圆圆好运来。

🏆 **点 评**

这首小诗以"圆圆"为线索，串联起自然景象、传统节日与美好寓意，营造出一种温馨、和谐的氛围。

小诗先描绘了自然界中太阳与月亮的圆形特征，太阳高悬天空，月亮倒映水中，形成了一幅宁静而美丽的画面。接着，将视角转向了人间，以圆形的月饼象征着家人的团聚，以圆圆的元宵寄托了对未来生活的美好祝愿。

这首小诗以简洁明了的语言、生动形象的描绘，将自然景象、传统节日与美好寓意巧妙地结合在一起，既富有诗意又充满温情，展现了一种和谐美好的生活愿景。

指导老师：顾　赟

听听,冬的声音

懿德校区　三(4)班　于友谦

听听,

冬的声音,

树叶随风飘扬,

"沙沙",

是和大树妈妈依依惜别的声音。

听听,

冬的声音,

北风吹着新曲,

"呜呜",

是和秋天道别的话音。

听听,

冬的声音,

雪姑娘舞动裙摆,

"簌簌",

是对冬婆婆的问候。

冬的声音,

在每一片枯叶里，

在每一阵寒风里，

在每一片雪花里，

在小朋友厚厚的衣服里。

🏆 点 评

　　作者学习课文《听听，秋的声音》后进行了仿写。语言精练，表达富有韵味。前几个小节分述，最后一小节总结全诗。其中，前三小节结构相似，都是先发出"听听，冬的声音"的邀请，接着聚集某一事物的动作，然后以拟声词具象地描述声音。诗歌用词优美，想象丰富，借声音描绘冬景，画面具有动态的美感，凸显了冬天的神韵。

指导老师：王　雁

晚　霞

懿德校区　二(4)班　朱敬一

满地落金秋，暮色映晚霞。
不知炊烟处，灯火照万家。

🏆 **点评**

　　作者基于对生活的悉心观察，领略到了晚霞的魅力，写成了一首优美的小诗。诗中"满地落金秋，暮色映晚霞"两句，通过简洁的语言勾勒出了秋天傍晚时分的美丽景象。金色的落叶与晚霞相互辉映，画面感极强，能够让读者在脑海中形成清晰的画面。"不知炊烟处，灯火照万家"这两句，不仅描绘了自然景观，还融入了人文情怀，表达了作者对人间烟火气息的向往和对平凡生活的热爱，情感真挚，引人共鸣。

指导老师：朱思敏

我们去哪里

蓝村校区　一(3)班　朱语欣

我们去上海游玩，
外滩璀璨，人民广场人潮涌动，东方明珠高耸入云，
城隍庙里，小笼包的美味让人赞叹！

我们去北京探秘，
故宫宏伟，长城蜿蜒，圆明园诉说着历史，
王府井街头，烤鸭的香气令人沉醉！

我们踏上大连的土地，
星海广场辽阔，渔人码头静谧，莲花山秀美如画，
喂海鸥、捞海带，乐趣无穷尽！

我们走进霞浦的画卷，
花竹村古朴，东安岛宁静，九鲤溪潺潺流淌，
戴草帽、赶大鹅，欢声永回荡！

祖国的幅员如此辽阔，
每一寸土地都散发着独特的魅力与光彩！

🏆 点 评

　　诗歌以"我们去游玩"为主线,采用并列的结构,串联起对各个城市的描绘。结构清晰,易于阅读。小作者运用了丰富的词汇,如"外滩璀璨""东方明珠高耸入云""故宫宏伟,长城蜿蜒",使得城市的特色跃然纸上,让读者仿佛身临其境。同时,诗歌还流露出作者对祖国的热爱和对各地美景的赞美,情感真挚,能够引起读者的共鸣。

指导老师:吴　师

我　　想

懿德校区　一(4)班　张新宜

我想变成小鸟，
在天空中自由地翱翔。
我想变成鱼儿，
在大海里欢快地游泳。
我想变成马儿，
在草原上肆意地奔驰。
我想变成春天的花朵，
给世界增添色彩。
我想变成夏季的凉风，
吹散人们的疲劳。
我还想变成金秋的果实，
给小动物们提供足够的粮食。
我最想变成冬日里的炉火，
温暖屋子里的每一张笑脸。

🏆 点　评

　　小作者以"我想"为线索，构建出多元且充满诗意的幻想世界。从自由的小鸟、灵动的鱼儿，到奔放的马儿，体现了小作者对不同生命形态的向往,既表达了对自然生灵的热爱,又彰显对自由的渴望。而化身花朵、凉风、果实和炉火,则凸显其对世界的关爱。语言简洁明快、节奏流畅,以纯真视角勾勒出心中理想的模样,使读者感受到小作者对生活积极向上的态度。

指导老师:付欣晨

我 想 飞

懿德校区　一(4)班　胡芳智

我想飞，
像小鸟一样在丛林中穿行；
我想飞，
像蝴蝶一样在花丛中舞蹈；
我想飞，
像老鹰一样在云端歌唱。

我想我会飞，
知识是我的翅膀，
书籍给我力量，
任我自由地——
在书海翱翔。

🏆 **点评**

这首诗意象丰富且富有层次感，先以小鸟、蝴蝶、老鹰的飞行姿态勾勒出"我"对自由飞翔的渴望，画面感十足。随后巧妙地将视角转换到知识与书籍，把它们比喻成翅膀与力量，升华主题，展现出"我"对知识的向往，寓意着通过阅读与求知，可实现心灵的"飞翔"，获得自由与广阔的精神世界。语言流畅自然，节奏明快，具有较强的感染力与表现力，能引导读者一同感受追逐知识、在书海畅游的美妙境界。

指导老师：付欣晨

我长大了，你会长大吗？

蓝村校区　三(2)班　邱树衍

名画，名画，

我长大了，你会长大吗？

会呀！

我长大了就是一个崭新的世界。

太好了！

这样我一有时间就可以去你的世界玩！

洋娃娃，洋娃娃，

我长大了，你会长大吗？

会呀！

我长大了就是一个会唱歌跳舞的小姑娘。

太好了！

这样我就多了一个好朋友！

贝壳，贝壳，

我长大了，你会长大吗？

会呀！

我长大了就是一个百宝箱，里面装许多珍珠、黄金和钻石。

太好了！

这样我每天取一颗珍珠、一克黄金和一个大钻石，

一年下来，我和爸爸妈妈就可以变成富翁啦！

🏆 点 评

　　小作者以独特的视角，与名画、洋娃娃和贝壳展开了一场奇妙的对话。由于自己会长大，便展开联想，想象它们也会随着自己一起长大，并赋予它们各自独特的成长形态。如洋娃娃成为会唱歌跳舞的小姑娘，贝壳则变成了装满珍宝的百宝箱。这些幻想充满了童真和趣味，让人忍俊不禁。诗歌展现了孩子渴望长大并与朋友们分享成长快乐的心情，让人感受到孩子内心的纯真和美好。

指导老师：苏逸洁

小 螃 蟹

懿德校区　四(4)班　李昕璘

两个大大的钳子，

配上小小的眼睛，

走起路来横行霸道。

一走近它就瞪着圆圆的眼睛，

举起钳子好像威武的战士，

准备随时应战。

那对大而有力的大钳子，

夹起人来可疼了，

千万不要抱有侥幸心理。

它喜欢栖息在河流、湖泊中和石头缝下，

在泥潭中来回穿梭，

寻找着美食。

同时也喜欢探险，

在石头缝里爬上爬下，

忙得不亦乐乎，

一不小心就会变成人们餐桌上的美食。

我喜欢它不仅仅因为它的霸气，

还因为每次遇到困难或者险境，

它从不轻言放弃，

勇敢地前行。

好像只要我们有足够的勇气和信心，

就能战胜一切困难与挫折。

🏆 点 评

　　小作者抓住小螃蟹大钳小眼这个特点，将其描绘得栩栩如生，小螃蟹形象跃然纸上。横行霸道中显霸气，战士之姿令人畏。觅食探险乐在其中，却恐在餐桌被终结。然其，不屈不挠之精神，更令人敬佩。作者从螃蟹身上学到积极向上的人生态度，遇困不馁，勇往直前，小蟹之态，激励人心。勇气信心，克难之钥，螃蟹故事，寓意深远。

　　　　　　　　　　　　　　　　　　　指导老师：徐石颖

星 光 点 点

蓝村校区　一(2)班　叶粲然

星光点点挂夜空，
烛光点点透纸笼。
灯光点点隐弄堂，
萤光点点入草丛。

🏆 **点 评**

　　小作者善于捕捉生活中不同场景下的"点点"之光，从高远的夜空，到屋内透着烛光的纸笼，再到弄堂里隐隐的灯光，最后聚焦于草丛中的萤光，视角转换自然且巧妙。"挂""透""隐""入"等动词精准地描绘出不同光的状态和动态变化，将夜晚的光影世界生动地呈现在读者眼前，可见小作者在日常生活中善于用心观察，才能创作出如此充满生活气息的儿歌。

指导老师：叶婕妤

星 星 和 我

懿德校区　二(2)班　李雅静

星星在天上眨眼睛，
我在地上数星星。
星星闪闪亮晶晶，
好像宝石挂天庭。
我对星星微微笑，
星星伴我入梦境。

🏆 **点 评**

这首小诗充满了童趣和想象力。学生将星星比作宝石，形象地描绘了夜空的美丽，生动地描绘了一个孩子与星星互动的温馨场景。整首诗的语言简洁明了，易于理解，符合小学生的语言特点。诗歌通过描绘孩子与星星之间的互动，创造了一个优美、宁静的夜晚意境，让人感受到大自然的美丽和神秘。整体结构紧凑，情感真挚，富有感染力。希望学生能够继续保持这份纯真与好奇心，用诗歌记录生活中的点滴美好。

指导老师：朱思敏

月　亮

懿德校区　二(5)班　张天泽

月亮有时候圆圆的，
有时候弯弯的。
有时候还调皮地藏起来，
让我找不见。

圆圆的月亮像玉盘，
佩戴着银色的光环。
弯弯的月亮像小船，
装满了深深的思念。

夏天的夜晚，
它高挂天空，
好像在给我唱摇篮曲。
秋天的夜晚，
它吹来清风，
让桂花的香味飘得更远。

妈妈牵着我，
月亮牵着小星星，

弯弯的小路上，

我们边走边谈。

这首诗歌以月亮为主题，用富有诗意和浪漫的笔触，生动地描绘了月亮的不同形态，以及在四季夜晚中给人们带来的感受。诗歌的内容丰富、意境深远，不仅体现了自然之美，还流露出了小作者对月亮的喜爱之情。在创作手法上，诗歌节奏感强烈，充满韵律美，读起来朗朗上口、易于记忆。例如，"有时候圆圆的，有时候弯弯的"与"有时候还调皮地藏起来"形成了鲜明的对比，这种对比的手法也增强了诗歌的表现力。同时，诗歌的画面感非常强，如"妈妈牵着我，月亮牵着小星星"，这样的画面让人感到温馨而美好。

指导老师：姚嗣思

再不陪我，我就长大了

蓝村校区　三(1)班　王茁文

星星眨眼，月亮轻笑，
小树苗儿，渐渐长高。
成长路上，有笑声，
也有忧愁，我需要拥抱。

爸妈呀，你们好，
陪伴我时，心不老。
一起玩耍，一起跑，
美好时光，不会少。
时间如风，吹过草，
转眼间，花儿开了。

再不陪我，我就长大了，
希望你们，别错过了。
成长是书，一页页翻，
每一页都写满爱。
爸妈呀，陪我读，
再不陪我，我就长大了。

　　小作者写的儿童诗生动描述了自己渴望父母陪伴的心情。孩子把自己成长路上和父母一起玩耍、充满爱的生活场景,通过儿童化的语言描写得富有童趣,字里行间把父母对自己的爱和自己渴望父母多陪伴的心情刻画得鲜明,流露出自己爱父母的真切之情。

指导老师:朱慧娟

植物妈妈有办法

懿德校区　二(4)班　成亦航

孩子如果已经长大，
就得告别妈妈，四海为家。
牛马有脚，鸟有翅膀，
植物旅行又用什么办法？

芦苇妈妈有个好办法，
她给孩子准备了翅膀。
只要有风轻轻吹过，
孩子们就能乘着风飞翔。

荷花妈妈有个好办法，
她将种子沉入水底。
只要随着水流漂动，
孩子们就能到远方生根发芽。

油菜妈妈更有办法，
她让果实晒太阳。
啪的一声，果实炸开，
孩子们就蹦着跳着离开妈妈。

植物妈妈的办法很多很多，

不信你就仔细观察。

那里有许许多多的知识，

粗心的小朋友却得不到它。

🏆 点 评

　　这首诗歌是对二年级上册《植物妈妈有办法》的仿写，诗歌以简洁明了的语言介绍了芦苇、荷花和油菜三种植物传播种子的方式。诗歌语言优美，节奏明快，充满了童趣和想象力。通过对植物特性的描绘，诗歌创造了一幅幅生动的画面，让读者仿佛置身于美丽的自然之中，感受大自然的魅力和生命的活力，体会到了小作者对大自然的热爱。

指导老师：朱思敏

中国航天颂

蓝村校区　二(2)班　唐奕骞

"嫦娥"奔月广寒宫，
古人神往今已成。
"神舟"载人探宇宙，
"悟空""墨子"显神通。

天宫实验空间站，
运载火箭各不同：
长征、快舟、神谷星，
朱雀、双曲和捷龙。

要问卫星有何用？
"北斗"导航行天下，
"天眼"通信海陆空。
还有"风云"知天象，
卫星"神剑"保和平。

惠民为民创福祉，
中国航天硕果丰。

诗歌从古代神话"嫦娥奔月"引入,过渡到现代航天事业的辉煌成就,包括载人航天、空间探测、空间站建设、运载火箭技术等多个方面。内容丰富,条理清晰,展现了小作者对中国航天事业的全面了解。

指导老师:李文婷

诗 二 首

蓝村校区　五(4)班　管振宇

雪　花

那神奇的、洁白的晶体，
是神秘的大自然的杰作。
那冬天独有的景色，
为大地披上了棉衣。
那冰凉又美妙的触感，
是如此让人陶醉。
它就是那冬天的使者——雪花！

中　国

在这世界的东方，
有一个古老的国家。
有五千年悠久的历史，
有璀璨的文化，
还有自强不息的精神。
这个古老富饶的国家是谁？
她就是中国！

　　第一首诗以雪花为题,通过细腻的笔触描绘出冬日雪景的纯净与美丽。小诗人将雪花比作大自然的杰作,赋予其神秘感,生动地展现了冬天独有的景致。通过对雪花冰凉而美妙触感的描述,让人仿佛能感受到那份清新与陶醉。整首诗意境优美,语言简练而富有画面感,让雪花作为冬天的使者,巧妙地传达了冬日的静谧与美好。

　　第二首诗以自豪的口吻介绍了中国这一拥有五千年悠久历史与璀璨文化的古老国家。通过对"自强不息的精神"的提及,不仅展现了中国的文化底蕴,更突出了中华民族坚韧不拔、勇往直前的民族精神。结尾处的直接设问与回答,以"她就是中国"作为强有力的结语,情感饱满,充满了对祖国的热爱。整首诗意境深远,情感真挚。

指导老师:朱　琳

夕阳下的外婆

懿德校区　四(2)班　班致远

傍晚，

外婆在长椅上坐着，

带着微笑，

看我嬉闹。

夕阳为她披上了晚霞。

将她花白的头发染成金色。

外婆是那么温暖，

那么慈祥。

时光匆匆，

而我再也看不到她的笑容，

夕阳下的外婆永远停留在我心中，

任凭时光飞逝，

也无法冲淡我对她的爱。

点　评

　　诗中"夕阳""长椅"等意象共同构建了一个宁静而和谐的场景，让人仿佛能亲眼看到那位慈祥的外婆在夕阳下微笑。通过夕阳将外婆"花白的头发染成金色"这样的细节描写，不仅展现了夕阳余晖之美,更寓意着外婆给予作者的温暖和爱。这首小诗以优美的语言、紧凑的结构和真挚的情感、深远的意境赢得了读者的共鸣和赞赏。读者能够感受到诗人对外婆的深深眷恋。

指导老师：陈晓芸

第四部分

习作风采

捕蚊大作战

蓝村校区　四(3)班　胡耀文

夏日炎炎，家中的蚊子也变得异常活跃。每当夜幕降临，它们便开始在耳边"嗡嗡"作响，仿佛在进行一场不请自来的音乐会。这不，一场别开生面的捕蚊大战在家悄然上演。

晚饭过后，我们一家人正享受着难得的闲暇时光。不知道什么时候，一只蚊子悄无声息地飞了进来，它那细小的身影在灯光下显得格外特别。老爸首先发现了这个不速之客。他的眼睛里闪烁着猎人般的光芒，迅速抄起一张报纸，准备迎战。老妈则拿出了她的"秘密武器"——电蚊拍。而我，则是这场战斗的"后勤保障"，负责提供"弹药"——蚊香和驱蚊液。一场大战一触即发。

大战开始了，老爸的报纸像一把大扇子，在空中划出一道道风，仿佛要把蚊子扇得晕头转向。老妈则像一位精准的狙击手，电蚊拍在空中划出一道亮光，那简直是蚊子的末日。我则在一旁加油助威，偶尔也加入战斗，用驱蚊液制造一个"安全区"。

蚊子虽然讨厌，但它们偶尔也会成为家中趣味的源泉，让我们在炎热的夏日中找到了一丝清凉。每当回忆起这个夏天，我们都会想到那个夜晚以及那只不幸的蚊子。

点 评

　　本文描绘了家庭成员们在夏日夜晚捕蚊的场景,使读者感受到温馨和谐的家庭氛围。小作者对整个过程的叙述非常清晰,从蚊子的出现,到一家人各自准备"武器",再到大战正式打响,情节层层递进,引人入胜。

　　在内容方面,小作者详细地描绘了每个人的表现,老爸的果断迎战、老妈的精准出击以及他的加油助威,都跃然纸上,让读者能够清晰地看到一家人齐心协力对抗蚊子的场景。语言表达也十分生动形象,运用了丰富的比喻手法,如把老爸的报纸比作大扇子,把老妈比作精准的狙击手,使文章充满了画面感。同时,文章中的动作描写十分生动,展现出了三位家庭成员不同的特点,极具趣味性。此外,最后一段巧妙地融入情感,让文章多了一份温馨。

指导老师:倪　源

赶 海 趣 事

蓝村校区　　五(1)班　　侯龙菲

童年，像一片星空，我快乐的回忆就像一颗颗闪闪烁烁的小星星点缀在夜空。其中一次赶海经历的"星光"，尤为醒目，让我铭记心间。

今年暑假，爸爸带我们去烟台的养马岛赶海。

下了飞机，我们坐车到达目的地。眺望远方，我的心情豁然开朗。只见海天相接，一碧万顷！我迫不及待地拉着姑妈到沙滩上玩耍。在海滩的礁石下，我看见了许多小螃蟹，它们大多和大拇指指甲盖一般大小。为了躲避我们，它们把水搅浑后，便逃之夭夭。它们虽然能在泥水里轻易逃脱，但到了较干的地方就无计可施了，真是黔驴技穷！

瞧，在被水漫过一部分的礁石上，寄居蟹们正背着家，用小小的脚慢慢地爬动着。我一抓就是十几只，它们是礁石滩上最可爱的生物，傻得好笑，一见有人要抓自己，就缩回家，真是掩耳盗铃！难道它们不知道我早就发现它们了吗？

除了寄居蟹，我还抓住了一只美人虾。它身上有橙白相间的条纹，腹部奇软，看它那么柔软，我连捏一下都不敢。一只趴在碧绿的海菜上的花瓣蟹也被我放进罐子里，和寄居蟹、美人虾做伴。

金红的太阳快落山了，直到它快要从海面上消失时，我才拿着"战利品"依依不舍地上了车，赶回入住的宾馆。

这次赶海，我有了以前从没有的收获：寄居蟹、美人虾和花瓣蟹。它们虽然没法跟我回上海，但留在了我的记忆里。

🏆 **点 评**

　　小作者把自己暑假赶海的有趣经历分享给大家。通过流畅的叙述、恰当的形容，把赶海的经过和自己的所见所闻交代清楚，让读者体会到赶海的乐趣。小作者文章的字里行间都透露出幽默，运用"掩耳盗铃"等词语，将寄居蟹的可爱模样写得生动活泼，读来令人不禁莞尔。

　　　　　　　　　　　　　　　　　　　指导老师：洪佳玫

好 玩 的 朗 诵

懿德校区　四(1)班　严珺珞

"秋天的夜晚,月亮升起来了,从洱海那边升起来了……"那清脆悦耳的声音在房间里回荡。没错,这个暑假,我一直沉浸在朗诵的世界里。

我喜欢的事情有很多,比如跳优美的舞蹈、唱动听的歌谣等等,但我最喜欢的还是朗诵。

或许你会感到奇怪,唱歌、跳舞那么美妙,为什么我最喜欢朗诵呢? 这你就不知道了吧,请听我细细道来。

朗诵能让我放松。当我身体疲劳时,轻轻吟诵几首轻快的小诗,就能缓解疲劳。

朗诵还能带给我快乐。在他人眼中,朗诵或许又难又累,而我却把它当成一场充满趣味的游戏。每读完一篇文章,就好像在游戏中成功通关一般,让我心中充满了喜悦。爸爸妈妈一个劲儿夸赞我,更让我成就感爆棚。当一家人围坐在一起,聆听我的朗诵时,其乐融融。

随着朗诵次数的增多,我也逐渐掌握了一些朗诵的技巧。朗读《小英雄雨来》的时候,我心潮澎湃,声音变得浑厚有力,仿佛自己也置身于水深火热的战场上,与雨来一起为了祖国的未来奋勇抗争;朗读《走月亮》的时候,我感到无比宁静,声音也变得柔和起来,仿佛走在洒满月光的小路上,感受着大自然的宁静与美好;朗读《肥皂泡》的时候,我感到十分快乐,声音也变得活泼灵动,仿佛与小伙伴们在一起,尽情享受吹泡泡的快乐……

在我看来,朗诵是一切爱好之首。朗诵,我爱你!

🏆 点 评

首先,立意鲜明。小作者紧紧围绕"朗诵"这一爱好展开,清晰地阐述了其喜爱朗诵的原因:不仅能放松身心,还能让人从中收获快乐、获得成就感,让读者能深切感受到朗诵于作者而言独特的魅力,使"朗诵好玩"这一主题得以深化。

内容方面十分充实。开篇引用朗诵的语句,瞬间将读者带入情境,接着通过对比唱歌、跳舞,突出对朗诵的偏爱,之后详细讲述朗诵带来的身心体验,如缓解疲劳、收获喜悦等。还列举朗读不同文章时的不同感受,从激昂的《小英雄雨来》到宁静的《走月亮》,事例具体鲜活,增强了文章可读性。

结构合理,条理清晰。采用总分总的结构,开头引出"沉浸在朗诵世界",中间分述喜爱朗诵的缘由与体验,结尾总结强调"朗诵是一切爱好之首",层层递进,衔接自然。

语言表达流畅生动。如"朗诵还能带给我快乐。在他人眼中,朗诵或许又难又累,而我却把它当成一场充满趣味的游戏",运用对比,凸显自己的独特感受。描写朗读不同文章时的状态,用词精准,让读者有身临其境之感。

指导老师:王晓云

雷　雨

蓝村校区　四(1)班　洪一鸣

"今天午后有雷雨天气,局地短时降雨强度较大,出门请带好雨具……"听着新闻里的天气预报,我抬头看了一眼窗外,天空依旧那么碧蓝,云朵依旧那么洁白。"雨? 哪来的雨? 难道这是暴风雨前的宁静?"我嘟囔着。

半小时后,天空果然阴沉了下来,整个城市都被灰色笼罩。"这天说变就变,看来是真要下雨了。"我趴在窗台,看着天上的云朵移动速度越来越快。渐渐地,天上开始下起小雨,"滴滴答答"的声音响遍了整个小区。

突然,一道闪电划过天空,我赶紧捂住耳朵。太迟了! 这雷声响彻云霄,仿佛雷神发怒,吓得我耸起了肩膀。

一会儿工夫,雨越下越大,地面上开出一朵朵晶莹的"花"。原本热闹的街道,现在空空如也,我想大家一定在避雨吧! 又过了半小时,这雨丝毫没有要变小的意思,树上的叶子都被雨点打落在地。风依旧怒吼着,将一根根树枝折断。风和雨还在漫天卷地般袭来。

我本以为这是一场阵雨,却不料这场雨一直持续到了夜晚。

夜深了,这座城市终于安静了下来。打开窗户,空气格外清新,月亮皎洁明亮。或许,这是雷雨送给我们的礼物吧!

　　小作者按照时间顺序,将雷雨前、中、后的变化生动地描绘出来,使读者能够清晰地感受到下雷雨的全过程。从雷雨前的宁静到雷声轰鸣,再到暴雨倾盆,整个过程仿佛一幅动态的画卷,逐步展开,令人身临其境。在雷雨来临之前,天空渐暗、风起云涌,仿佛一切都在为雷雨的到来做铺垫。雷声轰鸣、闪电划破长空的描述,既突出了雷雨的猛烈,又充满了视觉和听觉的冲击力。而当雷雨渐渐平息,天空逐渐放晴,空气清新,给人一种如释重负的感觉。小作者的语言表达能力较强,能够准确地捕捉到雷雨前后的每一个细节,并且将这些细节通过形象的比喻和生动的描写展现出来,这展现了小作者丰富的想象力和敏锐的观察力。

指导老师:余诗佳

墨汁打翻以后

蓝村校区　五(3)班　孙钰绮

昨天,爸爸买了我期待已久的《中外民间故事》。今天我拿到学校,在课间与几位好友一起翻阅。这时,小明正好拿着墨水瓶走过。小红猛一抬手,碰翻了墨水瓶,乌黑的墨汁洒在我那本崭新的《中外民间故事》上。

小红和小明见状连忙对我说:"对不起,小钰,我不是故意的。"我愣愣地看着书上泼洒的墨迹出了神。小红和小明见我不说话,以为我生气了,忐忑地说道:"要不——要不我们用零花钱给你再买一本吧。"我听到这句话,回过神来,连连摆手对他们说:"不用了,不用了。你们也不是故意的。"

我指着书上的墨迹说:"来,你们看,这个痕迹像不像一位美丽的仙女正在跳舞?"同学们围过来仔细一看,确实很像。我又指着另一团墨迹说:"你们看,这像不像一头老牛?"同学们连连点头,回答:"真像呀!"这时,有一个同学照着我的样子指着说:"这团墨迹的样子真像我们学过的课文《猎人海力布》中的海力布呀。""对,对!""我看这团像……"一只只小手指着封面上的墨迹说着这是谁,那是谁。他们每说一个,我就用笔在边上写一个名字。慢慢地,小红和小明也加入其中。每一团墨迹都有了自己的名字。

放学回家后,我将书本拿出来,看着上面的墨迹和名字,将这本书放进了书柜里。长大后每次看见这本书,书上墨汁洒下的痕迹都将让我想起一个午后，同学们围在我身边指着这儿、指着那儿……

🏆 **点 评**

　　这篇短文以一次意外的小插曲为线索，生动地描绘了童年时期纯真无邪的友谊。作者通过细腻的心理描写和生动的对话，将一次墨水瓶被打翻的意外事件，转化为一个充满创意与欢笑的记忆。文中，小钰面对新书被污染的遗憾，却能以独特的视角发现美，引导同学们一起赋予墨迹以生命，展现了孩童丰富的想象力和宽容的心态。这不仅是对物质损失的淡然处之，更是对友情与创造力的珍视。文章结尾温馨而意味深长，将这份记忆定格为成长路上宝贵的一课，让人感受到时间的流逝中，那份纯真与美好的永恒价值。整篇文章情感真挚、语言流畅、充满童趣，读来令人会心一笑、回味无穷。

指导老师：凌　洁

秋天的公园

蓝村校区　三(1)班　夏艺桐

当第一缕秋风拂过大地,秋天便迈着轻盈的步伐,悄然降临到公园之中,将这里渲染成一幅五彩斑斓的画卷。

金黄的叶片在阳光的映照下,闪烁着璀璨的光芒。每一片叶子都像是一把精致的小扇子,秋风起时,它们便在枝头沙沙作响,仿佛在诉说着古老而神秘的故事。

沿着蜿蜒的小径前行,路旁的枫叶像是一团团燃烧的火焰。那热烈的红色,从叶尖一直蔓延到叶柄,红得那样纯粹、那样耀眼。

公园的湖泊在秋天里显得更加平静而深邃。湖水宛如一面巨大的镜子,倒映着天空、树木和花朵。天空湛蓝如宝石,洁白的云朵像是棉花糖一般飘浮在空中,它们在湖面的倒影与周围的景色相映成趣。

草地在秋天的轻抚下,也悄然发生了变化。原本翠绿的草地逐渐变得枯黄,像是给大地披上了一件黄色的大衣。

秋天的公园,是大自然赋予我们的珍贵礼物,每一处景色都像是一首优美的诗篇,每一个角落都蕴含着大自然的神奇与魅力。

🏆 **点 评**

小作者通过细致的观察,描绘了公园里各种景色的色彩变化,如金黄的叶片、红色的枫叶、黄色的草地等，这些描写使秋天的公园显得生动而真实，体现了作者对秋日公园的喜爱。文章语言优美，结构清晰，条理分明，读者可以很容易地跟随作者的描述，感受到秋天的公园之美。

指导老师：朱慧娟

我的心爱之物

蓝村校区　五(2)班　李安昕

我十岁生日那天,外婆给我一把金锁当作生日礼物,我十分高兴。

这把金锁全身金灿灿的,有枣那么大。锁上缀着一朵栩栩如生的睡莲,给整把锁加了些许神韵。母亲说,睡莲是一种纯净无瑕、朝气蓬勃的植物。她希望我像睡莲那样。锁底有四个金色铃铛,风一吹,它们就随着晃动。我们为这把锁起名"阿喜"。说来也奇怪,自从阿喜入住我家后,喜事儿就接二连三地发生在我身上,母亲笑吟吟地说:"这可都是阿喜的功劳,金锁可是祥瑞之物啊!"

阿喜每天都陪伴在我身边,和我形影不离。我们一起读故事、放风筝。东风吹起风筝,让它在空中翱翔。我十分开心,阿喜也发出了丁零零的笑声。一年四季,我们都在一起。

阿喜还会给我带来一些启发。有一天下午,我正在做作业,可我实在是太疲倦了,眼前的文字就像是一个个奇形怪状的符文,我怎么看也看不懂。正当我急得抓耳挠腮、东张西望时,脖子上的金锁吸引了我的注意。看着阿喜身上那金光灿灿的莲花,我的思绪也飘向了九霄云外。阿喜默默无闻地陪伴我那么久,可我却因为一点小小的挫折而想要放弃,这是不对的。要想成为像金子一样闪闪发光的人,就绝不能放弃!我振作精神,理清思路,终于做完了作业。

我的心爱之物——金锁阿喜,它一直陪伴着我、激励着我,我十分喜爱它。

🏆 点 评

　　《我的心爱之物》这篇作品以细腻的笔触和真挚的情感,描绘了作者与心爱之物——金锁"阿喜"之间的情感纽带。文章通过丰富的细节描写,使读者能够清晰地感受到"阿喜"对作者的意义,以及它在作者生活中的重要地位。作者巧妙地运用了比喻和拟人的修辞手法,赋予了"阿喜"以生命和情感,使得文章更加生动和感人。

　　文章结构清晰、层次分明。从"阿喜"的来历、外观、功能,到它给作者带来的精神慰藉,逐步深入、层层递进,最终揭示了心爱之物对作者的特殊意义。作者在叙述中穿插了自己的情感体验和回忆,使得文章不仅是一篇简单的状物文,更是一次情感的抒发和心灵的对话。

　　此外,文章的语言优美、富有诗意。作者运用了多种修辞手法,如排比、比喻等,增强了文章的韵律感和艺术效果。整体来看,《我的心爱之物》是一篇充满真情实感的佳作。

指导老师:周悦欣

我的心爱之物

懿德校区　五(2)班　刘梓晨

　　我的心爱之物既不是生日时收到的乐高玩具,也不是旅游时买回来的纪念勋章,而是我那只三个月大的陨石边牧。

　　这只边牧是爸爸妈妈奖励给我的,名叫波斯。它有着一身黑白相间的毛发,摸起来十分柔软、顺滑。它的耳朵时常挺立着,看起来很有精神。它那双异瞳更是美丽,一只呈蓝色,另一只呈黑色,圆溜溜的,看起来炯炯有神,显得非常忠诚。

　　波斯虽然看上去很乖巧,但它可是个十足的"淘气包"呢!它只要不待在笼子里,就会到处乱跑,可一被我抓住,就立刻变得很老实。有一次,波斯正在疯跑,为了"制服"它,我一把将它捉住,牵起它毛茸茸的爪子,随着音乐跳起了"舞"。这时,波斯的耳朵立马耷拉到后面,眼神不停地躲闪着。但过了一会儿,它的耳朵又竖了起来,一边吐着鲜红的大舌头,一边摇起了尾巴,屁股也随着音乐扭来扭去。见到这场景,我不禁捧腹大笑。

　　波斯不仅调皮,还特别黏人。无论我走到哪儿,它都会屁颠屁颠地跟在后面。有一次,我正在陪仓鼠玩,波斯看到了就呜呜咽咽地叫。我便去安抚它,可它依然哼唧个不停。于是,我给它拿了一块小零食,它这才安静下来,还惬意地把头枕在我的手臂上,真是个黏人的小"吃货"!

　　小狗波斯——我们快乐的使者,这么可爱的小狗,谁能不爱呢?

🏆 点 评

这篇习作结构清晰。文章开头采用对比的方式,点明心爱之物是陨石边牧,直入主题,引发读者的阅读兴趣。接着,习作通过描写小狗波斯的外形及淘气、黏人的性格特点,使小狗的形象逐渐丰满立体。最后,习作以反问句收尾,再次强调对波斯的喜爱,呼应开头。

小作者平时留心观察生活,对小狗波斯的描写细致入微。如描述外形时,对毛发、耳朵、眼睛的刻画,让波斯可爱的模样跃然纸上。习作在讲述事例时,"疯跑时被捉住跳舞"以及"因主人陪仓鼠吃醋"等情节,充满生活气息,不仅展现了波斯的活泼与黏人,也体现出作者与波斯相处的欢乐日常。

文章语言生动活泼,富有童趣。如"十足的'淘气包'""屁颠屁颠地跟在后面""哼唧个不停"等表述,将波斯的形象刻画得鲜活可爱,字里行间中流露出小作者对波斯的喜爱之情。

指导老师:黄婷婷

我的心爱之物

——"万年笔"

懿德校区　五(3)班　马睿阳

　　每个人都有自己钟爱之物,我也一样。那么,你知道它是什么吗?是我亲手制的杯子,是精致的玩具小刀,还是一把玩具步枪?对不起,我的伙伴们,让你们失望了,这些都不是。我的心爱之物是已经陪伴我十年的钢笔——"万年笔"。这真的是一支不平凡的笔,一支神奇的笔,一支和我形影不离的笔!

　　钢笔是我爸爸上班时买的。它"出生"于十五年前,但中间还沉睡了五年。它刚"出生"时全身五彩缤纷,十分精致。它长约13.2厘米,宽约0.8厘米,笔里有个墨囊,只需一按,墨汁就会被吸上来,使用方式不像现在的钢笔那么新颖。

　　十五岁的它,现在已经饱经风霜、伤痕累累。"万年笔"以前五颜六色,现在被磨得全身褪色,变成了一支灰色的钢笔。笔头上留着岁月的划痕,墨囊也已经由黑色的身体变成了透明色,笔身被酒精胶和白胶一次又一次地粘上,从胶水里,你还可以隐隐约约地看到一道道裂痕。

　　整个笔从头到尾,没有一处完好的地方。为什么?因为它被我折过、摔过。记得有一次,老师让我到二年级送东西,下楼时一不小心将笔摔了下去,还好楼下无人。我送完东西后,找到它时,它已断成了两段。我拿起笔,号啕大哭。可是下一秒,大脑好像被施了魔法一般,传出了它没有彻底坏的信号。我冷静下来,定睛一看,发现只是笔壳折了,里面的东西居然完好无缺!从此以后,它更成了"考前免检三好文具"。

"万年笔"之所以是我的心爱之物,是因为它陪伴了我很长时间。虽然它很破旧,但我对它的喜爱之情却不减分毫。在小学五年的时光里,它帮我解答了无数难题,又帮我用95分的成绩通过了期末考试。考场上,当别人忙着换芯时,它却仍然书写流畅;当别人仍在奋笔疾书时,它早就圆满地完成了任务……我一次次用它通过了紧张的考试,它真是一支千真万确的"考试神笔"!

我爱"万年笔",希望它能永远"长寿"。

🏆 点 评

小作者的心爱之物既非亲手制作的杯子,也不是各式各样的玩具,而是一支陪伴了他多年的钢笔。第一段中作者以"不平凡""神奇""形影不离"三个词来形容这支钢笔,已经初步让读者感受了它与小作者间的情谊。

全文对"万年笔"的外形描写尤为细致,从颜色到长短,从笔身到墨囊,可谓细致入微。小作者平实的语言显示出他对这支"万年笔"的熟悉,一人一笔恰如相交多年的好友。

小作者还写到了"万年笔"帮他解答了无数难题,帮他通过了一次次的考试,并称它为"考试神笔",令人莞尔。

普普通通的"万年笔"在小作者的笔下仿佛有了生命。它"饱经风霜、伤痕累累",看似已经不再靓丽夺目,但与小作者情深谊厚。从小作者的文字中可以感受到他对万年笔最真挚单纯的情感。

指导老师:汪轶灵

我最喜爱的季节

懿德校区　三(1)班　陈昱谦

你们知道我最喜爱哪个季节吗？那就是金色的秋天。

秋天宛如一幅绚丽多彩的画卷，在不经意间悄然展开。秋风拂过，带着丝丝凉意。它掠过湖面，在阳光的照耀下，湖面波光粼粼，泛起层层涟漪；它抚摸花丛，蝴蝶在花瓣舞台上旋转、跳跃，翩翩起舞；它穿过树林，一片片落叶像一枚枚邮票在林间穿梭，像金色的雨点落在秋日的画布上，传递着金秋的喜讯。

秋天是丰收的季节。金色的稻穗沉甸甸的，笑弯了腰；苹果红彤彤的，像一盏盏小灯笼挂满枝头，映红了这凉爽的秋夜；石榴在枝头咧开了嘴笑得那样灿烂，秋风轻拂，石榴对果农频频点头；橘子、柿子你挤我碰，争着要人们去摘呢！田野里，农民伯伯忙碌的身影和脸上的微笑，构成了一幅丰收的画卷。

秋天虽然没有春天的春意盎然，没有夏天的骄阳似火，没有冬天的银装素裹，但有它独特的宁静，让人陶醉其中。

让我们一起走进大自然去感受秋天，去领略它独特的韵味吧！

🏆 **点　评**

这篇作文展现出了三年级同学难能可贵的观察力和文字表达能力。文章围绕秋景展开，开头引入秋天，中间部分对秋天的景色进行了多方面的描述,结尾表达对秋天的喜爱,行文逻辑清晰,值得肯定。小作者善于捕捉景物特点,他对秋天的湖面、花草树木观察得十分细致,词汇运用较丰富,修辞手法运用恰当。文章表达了他对秋天的喜爱,如"秋天虽然没有春天的春意盎然,没有夏天的骄阳似火,没有冬天的银装素裹,但有它独特的宁静,让人陶醉其中"。这种情感的融入使文章更具感染力,让读者也能体会到他对秋天的那份热爱。小作者有感而发,记录下了自己眼中的秋天。将秋季的美景和丰收的景象展现得淋漓尽致,读来妙趣横生。

指导老师:姚　慧

夏 雨 即 景

懿德校区　五(5)班　杨泽绚

　　清晨还是晴空万里,可一会儿就变了脸——一大片乌云挡住太阳,天气一下子变得又闷又热。突然"轰"的一声雷响,如狮吼般,一场倾盆大雨骤然而至,大雨从天空中倾泻下来。路上的行人撑起一把把花花绿绿的雨伞,道路似乎一下子拥挤起来。

　　一排排大树似乎被这场大雨唤醒了,张大了嘴巴喝着雨水。雨水打在树叶上,发出"啪啪"的声音,树枝随着风在雨中舞蹈,此刻的风中掺杂着一丝泥土与草木的气息,向我扑面而来。

　　雨越下越大,如同一块银光闪闪的丝绸挂在窗前。雨水打在窗户上,留下一道道水痕。向远处的荷花池望去,雨水落在池面上,泛起层层涟漪。瞧,荷花在大雨中兴奋地跳着舞蹈。有的荷花已经盛开了,晶莹剔透的雨珠落在荷花的花瓣上,闪耀着耀眼的光芒;有的荷花含苞待放,宛若一个害羞的少女在和雨珠嬉戏。

　　雨渐渐小了,在这如同仙境的蒙蒙细雨中,所有生物都显得更加生机勃勃。

　　雨停了,火辣的太阳重新出来了,小鸟又唱起悦耳的歌。这场夏天的雨可真美啊!

点 评

这是一篇描写细腻、层次分明的作文。

景物特点描写生动：作者抓住了夏天雨景的特点，描写了乌云密布、雷声轰鸣、大雨倾盆等景象。例如，"一排排大树似乎被这场大雨唤醒了，张大了嘴巴喝着雨水"这一句，形象地描绘了大树在雨中的情景。

景物变化描写细腻：作者按照时间顺序描写了雨景的变化，从大雨倾盆到雨渐小，再到雨停，层次分明。例如，"雨渐渐小了，在这如同仙境的蒙蒙细雨中，所有生物都显得更加生机勃勃"这一句，细腻地表现了雨势减小后的景象。

修辞手法运用得当：作者运用了比喻、拟人等修辞手法，使得语言生动形象。例如，"雨水打在树叶上，发出'啪啪'的声音，树枝随着风在雨中舞蹈"这一句，生动地描绘了雨中树叶和树枝的动态。

指导老师：郑楚楚

我 的 乐 园

蓝村校区　　四(3)班　　顾博雅

我的老家是我的乐园。那里有大片竹林,有许多小动物,还能看到整片的星空呢!

在乡下,我每天都会骑车。我和几个小伙伴一起骑行在竹林间的小道上,路面一会儿变成木头的,一会儿变成柏油的。我们从镇东骑到镇西,一路上会遇到各种小动物向我们招手。有时经过几条水平如镜的小河,若看到水面突然冒出几个小圈,我们便下河去抓鱼。可是,那些鱼可淘气了,我刚把网放到水里,它们就吐出一串"珍珠",游走了。每一次骑车回来,我累得好像穿越了整个世界。不过,这时候跟小伙伴们一起看看电视、吃吃零食、聊聊天,想想就开心。

有时,我们一起放风筝。找一只大风筝,每个人在上面写下自己的愿望。写完后,让风筝起飞,再剪断绳子,看着它飞过竹林、小河,连我都觉得自己是一只飞在天空的风筝了!

不过最有意思的要数看夜空了。太阳渐渐西沉,只剩下最后一丝余晖。接着,月亮缓缓浮起,露出了微微的笑脸。这颜色不像象牙白,也不像钛白,而是一种无法描述的柔和的白。星星,也从黑暗中走出,密密麻麻,组成一个又一个的星座。最耀眼的,要数猎户座了,望着它,你的脑海中就会浮现出夜的美丽和神奇……

老家是我的乐园,我爱它!

🏆 点 评

　　作者以细腻的笔触,勾勒出了竹林、小动物、星空等自然元素,以及骑车、抓鱼、放风筝、看星空等充满童趣的活动,展现了老家生活的丰富多彩。文章语言流畅,情感真挚,字里行间透露出作者对老家的热爱与怀念。通过具体而生动的细节描写,如鱼儿吐泡、风筝飞翔、繁星闪烁等,让读者能够身临其境地感受到那份纯真与美好。此外,作者还巧妙地运用比喻、拟人等修辞手法,增强了文章的表现力和感染力。如将月亮比作露出微笑的脸庞,将星星比作走出黑暗的精灵,都充满了诗意与想象,让人仿佛置身于那片充满生机与乐趣的乐园之中。整篇文章充满了小作者对老家恬适生活的深情回忆与向往,让人在阅读中感受到了家的温暖与童年的美好,是一篇充满情感与童趣的佳作。

指导老师:凌　洁

捉 蚊 趣 事

懿德校区　四(1)班　孙萌萌

　　夏天的夜晚,闷热无比,蚊子也格外活跃。当我准备入睡时,一只蚊子在我耳边"嗡嗡"作响,扰得我辗转反侧。于是,我与蚊子斗智斗勇的趣事便悄然上演。

　　我打开灯,四处寻找,蚊子似乎在和我玩捉迷藏,消失得无影无踪。墙上隐约的小黑点,暴露了它的藏身之处,我定睛细看,果然是那只可恶的蚊子。我悄悄地拿起杂志,蹑手蹑脚地走近,准备给它致命一击,岂料我一伸手,它就飞走了。我只能继续在房间寻找,竟然发现蚊子在天花板上悠闲地歇息。我盯着它,正思索着对策,它似乎洞悉了我的意图,"嗖"的一下又飞离了。我气急败坏地拿起纱巾在空中挥舞,蚊子在空中盘旋不定,无处落脚,不一会儿好像落入了我的纱网之中。正当我得意地准备收网时,它却灵巧地从纱巾缝中溜走了,最终落在了床头柜上。

　　经过两次挫折之后,我决定启用新式"武器"——妈妈新买的电蚊拍。我手持电蚊拍,如同一名手握剑柄的战士,缓缓靠近床头,瞄准目标。"啪"的一下,伴随着"噼里啪啦"的响声,蚊子终于被制服了,它再也无法打扰我了。

　　熄灯后,我心满意足地躺在床上,享受着胜利后的宁静。

　　生活万花筒中,每一幕都藏着智慧的光芒。与蚊子的较量,让我领悟到:面对困境,智慧与策略远比盲目蛮力更为有效。

　　童年的生活就像万花筒,小作者善于敏锐地捕捉童年生活中有趣的瞬间。以夏日夜晚捉蚊这一生活小事为切入点,贴近生活且充满趣味。由于许多人都有被蚊子"骚扰"的经历,文章极易引发读者共鸣,让大家带着自己的类似体验沉浸于作者这场斗智斗勇的捉蚊过程中,使文章开篇就抓住人心。

　　文章描写生动形象,作者在动作描写上十分出彩,如"我悄悄地拿起杂志,蹑手蹑脚地走近""气急败坏地拿起纱巾在空中挥舞"等,一系列动词精准地刻画出捉蚊时小心翼翼、焦急无奈的状态。对蚊子的描写也别出心裁,"蚊子似乎在和我玩捉迷藏""在天花板上悠闲地歇息""洞悉了我的意图",把蚊子拟人化,赋予它人的灵性,让这场较量更具戏剧性,画面感十足,仿佛读者目睹一般。

　　结尾处由捉蚊一事领悟到"面对困境,智慧与策略远比盲目蛮力更为有效",将一次简单的生活琐事上升到人生哲理高度。没有刻意说教之感,水到渠成,使文章在趣味之余有了深度,让读者明白生活处处皆学问,哪怕是小小的捉蚊行动也蕴含大道理。

指导老师:王晓云

外婆的弹弓

懿德校区　　五(3)班　　任梓涵

在我家的老物件中,有一件特别引人注目,那就是外婆亲手给我制作的弹弓。它不仅是我玩耍时的好伙伴,更承载着我对外婆深深的思念。

这个弹弓并不华丽,但每一处都透露出匠心独运。弹弓的身架是用铁丝制成,采用皮筋发射,动力很强,外面包着坚韧的皮革,既耐用又有质感。弹丸则是外婆特意挑选的大小适中的鹅卵石,圆润光滑,正是这样子才能够在弹弓的助力下,射出惊人的距离。

记得那是一次过年的时候,我到乡下看望外婆,外婆把这个弹弓送给了我。当我第一次拿起这个弹弓,外婆就耐心地教我如何调弓、如何瞄准、如何用力。那些日子,我和外婆一起在乡间的小路上尽情地玩耍,弹弓成了我们最亲密的伙伴。

有一次,我和我的朋友进行弹弓比赛。在朋友的注视下,我瞄准了远处的目标,深吸一口气,然后用力一拉,一发,只见弹丸在空中划出一道优美的弧线,准确地命中了目标。那一刻,我赢得了阵阵掌声和欢呼,对弹弓的感情也更加深厚了。如今,我已经长大了,但这个弹弓仍珍藏在我的玩具箱里。每当我看到它,就仿佛看到了外婆露出慈祥的笑容,轻轻摸着我的脸蛋儿。它不仅仅是一个玩具,更是一段珍贵的回忆,一份深厚的亲情。

外婆做的弹弓,是我心爱之物。它见证了我的成长,也承载了我对外婆的无尽思念。我会一直珍藏它，让它在我的心中永远闪耀着温暖的光芒。

点 评

　　这是一篇温暖的文章。小作者介绍了他的心爱之物——弹弓。小作者写到弹弓的外形时说它"每一处都透露出匠心独运"，呼应了前文该弹弓是外婆"亲手制作"的，让人感到了其中的温馨。而且小作者对弹弓的观察细致入微，能从材质等方面进行介绍，颇为难得。最让人动容的还是小作者写到的外婆教小作者调弓、瞄准的那一段。虽然只有寥寥几句，语言平实，但是祖孙两人在乡间玩耍的画面却跃然纸上，字短意长，令人回味无穷。而"每当我看到它，就仿佛看到了外婆露着慈祥的笑容，轻轻摸着我的脸蛋儿"一句更是将弹弓与外婆紧紧联系在一起，直接地抒发了作者对外婆的依恋与思念。

　　整篇文章并无华丽的辞藻与夸张的修辞，但字里行间流露的情感却质朴真诚，令人感动。

指导老师：汪轶灵

秋

蓝村校区　五(4)班　苏莉亚

树树秋声,山山寒色,又一秋。

有人认为悲伤才是秋天的主旋律。从"悲哉,秋之为气也"到"万里悲秋常作客",愁伤的情绪被推到了极点。可我却认为秋天实际也是炽烈的、喧闹的、跳动的。

漫步在林间小道,脚踏在叶子上发出"沙沙"的声音,随处可见银杏落叶,像给大地镀上了一层金,让大地变得金光闪闪。菊花也在争奇斗艳,远远望去,火红、雪白、翠绿、橘黄,真是万紫千红。在阳光的照射下,美轮美奂!走近一瞧,这朵白如雪,花瓣扁平而宽,紧紧攒在一起,仿佛一个小雪球;看那朵紫如茄,花瓣儿又细又长,笔直地向四周伸展开,末端又稍稍卷曲,像夜空中绽开的烟花,美丽夺目;有的粉如桃,有的绿如草,还有这红白渐变、花瓣又粗又壮的,活脱脱一只张牙舞爪的小螃蟹。而果园里也是一片丰收景象:石榴红着脸,缀满枝头;青青的梨儿,身上闪着露珠;还有就是紫水晶般的葡萄一串串挂在藤上,随风荡漾,它们都等着勤劳的人们来采摘。秋风更是不经意间为满载而归的人们送来阵阵花香,馥郁芬芳、沁人心脾,那是桂花的礼物。

越是接近秋和冬的交界处,每个生命越是顽强地表现自己,竭力在大自然的美景里、在人们的心里留下一抹色彩、一缕幽香、一种声音。

"自古逢秋悲寂寥，我言秋日胜春朝。"秋意渐浓，诗情愈烈，好一秋。

这篇《秋》，仿佛一幅细腻勾勒的画卷，字里行间洋溢着诗情画意。作者巧妙地将写秋的古诗融入散文之中，不仅勾勒出一个悲凉的季节轮廓，更用"我言秋日胜春朝"直抒胸臆，道出了对秋天独有的偏爱与赞美。秋风拂过，树叶发出轻柔的"沙沙"声，宛如自然界的低语，为这秋日增添了几分静谧与深远。

在色彩的描绘上，作者同样不落俗套。火红、翠绿、粉如桃等色彩交织在一起，将秋天的斑斓多姿展现得淋漓尽致。这是视觉上的盛宴，让人仿佛置身于一个绚烂而又略带哀愁的秋日梦境之中。

如此文笔，真正做到了"诗中有画，画中有诗"。让读者在阅读的过程中，既能感受到文字的魅力，又能领略到秋天的独特韵味，实在是令人回味无穷。

指导老师：朱　琳

我 的 爸 爸

懿德校区　三(4)班　徐忆慈

　　我的爸爸有一头乌黑乌黑的短发和一双炯炯有神的大眼睛。他个子高高的,身强力壮,看上去可帅气了。

　　爸爸是个热爱运动的人。他很喜欢打篮球,经常看 NBA 球赛,他最喜欢的篮球明星是科比。当科比发生坠机事件不幸去世时,爸爸还悲伤了好几天。周末下午只要不下雨,爸爸就会约上球友去打篮球,有时候我写完作业就会去现场观看,他投篮的样子可酷了!爸爸跟我说,他高中时可是校篮球队队长,我心中对他的崇拜更深了一分。爸爸还很喜欢跑步,他经常早上六点起床去晨跑,还是一名业余马拉松爱好者。他说自己目前最好的成绩是半马(约 21 公里)跑进了 2 小时,等以后参加全马(约 42 公里)的时候,就带我去现场给他呐喊助威,我真的超级期待。

　　爸爸也是个工作狂。不仅工作日经常加班到很晚,周末的早上也会去加班。他经常把"少壮不努力,老大徒伤悲"挂在嘴边,教导我要勤劳才不会虚度光阴。虽然我很少有机会睡前跟爸爸说晚安,但他会早起开车送我去上学,每到这个时间,我都会把昨天没说的话快快地跟爸爸讲个遍。

　　尽管爸爸很忙,但他周末总会亲自下厨,陪我们吃饭。爸爸会做的菜可多了,比如可乐鸡翅、盐焗花螺虾、蟹炒年糕、把子肉……他做的每道菜都可好吃了,都是幸福的味道。

我爱我的爸爸,他是我的好榜样。

这篇《我的爸爸》,没有写惊天动地的大事,只写了几件小事,但情感真切、饱满,生动描绘了一位忙碌而充满爱心的父亲形象。小作者通过具体事例,如爸爸打篮球、跑步、忙工作、下厨陪吃饭,展现了父亲的慈爱与多才多艺,一个饱满的父亲的形象跃然纸上。字里行间流露出作者对父亲的敬仰与依赖,以及爸爸对家庭的爱。文章结构清晰,开头描写外貌,中间部分对典型事例进行详细描绘,结尾部分总结升华,表达了作者对爸爸的深厚感情。

这是一篇充满正能量的佳作。希望小作者继续保持对生活的观察与感悟,用文字描绘更多温馨美好的画面。

指导老师:王　雁

我的班主任老师

懿德校区　五(3)班　沈神琦

我的班主任王老师，是学校为数不多的男老师之一。他个子高且瘦，与壮硕魁梧的吴老师相比，他更显得像龙须面一样纤细。王老师戴着一副"啤酒瓶"，暗示着他有渊博的知识。他说话时不紧不慢，很有逻辑性。他走路时从容不迫，十分斯文儒雅。

说起王老师，最著名的就是他的"三无三不"了。

王老师是无所不会的。他除了是我们的班主任，还是我们的劳技老师。既然是劳技老师，那么肯定是心灵手巧的。就拿王老师的一节五年级的劳技课来说吧。当我们看到一堆木板不知所措时，王老师拿起材料"唰唰"几下，一把角尺就做出来了，看得我们目瞪口呆，而王老师却只是举重若轻地淡然一笑。除此之外，王老师几乎会制作所有的工艺品。

王老师是无所不在的。他很神秘，总是忽然"闪现"在教室后面的角落，"监视"着我们的一举一动。那些爱说话的同学就要"遭殃"了，因为王老师正"三分发狠，七分得意"地看着他们。也正因如此，上课时，我们都不敢随意说话，因为我们不知道王老师什么时候会"闪现"在教室的角落。

王老师是无所不知的。不管是哪一门学科的知识，我们都能向王老师请教并得到解答。王老师对班级里任何的风吹草动更是了如指掌，没有什么可以瞒得过他。

在这里,我也想感谢那个四年来对我们呕心沥血的王老师,那个始终关心着我们学习、呵护着我们成长的班主任,那个心灵手巧又带有一丝"神秘"的老师。

🏆 点 评

小作者的语言风趣幽默,略带夸张。他向读者介绍了自己班级的班主任王老师。

第一段,小作者抓住人物特点,对班主任王老师进行了外貌描写。将其比作"龙须面",突出了其"高且瘦"的身材特征,又通过"啤酒瓶"般的眼镜这一配饰,突出了其儒雅与博学。

接着,以一个短语"三无三不"总领下文。结合典型事例,将班主任王老师的"无所不会""无所不在""无所不知"刻画得入木三分,令人莞尔。一个心灵手巧、严苛、知识渊博但又十分关注班级、关心学生的老师形象呼之欲出。

全文语言诙谐,例如"三分发狠,七分得意"就是化用了五年级课文《牛郎织女(一)》的原文,在具体的语境下显得贴切生动。虽然全文不乏一些戏谑之语,但对老师的感激之情、亲近之意又流露于字里行间,自然真挚。

指导老师:汪轶灵

我 的 家 人

蓝村校区　　四(2)班　　高晴川

我的家一共有四口人,爸爸、妈妈、爷爷和我。假如把我的家比作一幅生动活泼的画,那么我的家人们就是调色盘上的颜色,和谐地组合在一起,构成了幸福快乐的一家。

爸爸是精力充沛的红色。他的工作是建筑设计师,每天都非常忙碌。爸爸老是加班,有时会把工作带回家,干到深夜,就像一个"永动机"。但同时他也像一棵可靠的大树,撑起了整个家。

妈妈是冰雪聪明的白色。我的妈妈读过很多书,精通英语和日语。她知识渊博,逛博物馆的时候,她会为我讲解有关展品的历史知识。妈妈的大脑里还装着数不清的有趣故事,每天睡前都会讲给我听。此外,妈妈还会给我辅导功课,帮助我进步,我真的很佩服我的妈妈。

爷爷是成熟老到的金黄色。我的爷爷心灵手巧,家里的灯或开关坏了,爷爷总能修好。被我玩坏的玩具,爷爷只要拆开一看,就知道它们生了什么"病"。爷爷对我来说就是超人一般的存在!

我呢,是活泼好奇的蓝色。我和我的家人们用爱绘制出了这一幅美丽的图画,我爱我的家人!

🏆 点　评

小作者开头运用比喻的修辞手法,将家人比作调色盘上的颜色,这一创意既新颖又富有想象力，成功吸引了读者的注意力。将爸爸比作精力充沛的红色，既体现了他忙碌的工作状态，也塑造了他作为家庭支柱的可靠形象；将妈妈比作冰雪聪明的白色，则突出她的知识渊博与温柔耐心；爷爷的金黄色智慧形象，则通过修理家具和玩具的细节体现出来，令人印象深刻。

　　整篇文章结构清晰，语言流畅，充满感情，能够抓住读者的心。同时，通过对具体事例的细腻描写，成功地展现了家庭成员各自的特点以及一家人之间的深厚感情。希望小作者继续保持这种细腻的观察力和积极的生活态度，创作出更多精彩的作品！

指导老师：余诗佳

我 的 爸 爸

懿德校区　　三(3)班　　陈子旭

今天我要介绍一下我的爸爸。他的身体圆滚滚,跟个煤气罐似的。他的头发很短,就跟牙刷上的刷毛那么短,脑袋看起来像一个大灯泡。他的眼睛扁扁的,像两颗杏仁,而不像夏威夷果。

我爸爸有一个杀伤力很强的"生化武器",那就是他的一双臭脚。他的鞋子放在鞋柜里,隔着柜子都能闻到一股奇臭无比的味道。妈妈给他晒鞋子的时候,都要捏住鼻子屏住呼吸,翘着兰花指把他的鞋子拎到阳台上,朝地上一扔,毫不犹豫地转身离开。有时,爸爸的袜子洗完后,还是有股难以言说的散不去的味道,即使用再多洗衣液也无济于事。这味道就像爸爸平时的唠叨,天天围绕着我。

一次,我跟爸爸来到他干活的猪肉摊上,看着爸爸忙碌地分割着猪肉的不同部位,一会儿切点五花肉,一会儿剁排骨,一会儿拿喷火枪烧一烧猪蹄上的毛,真是忙得不可开交。爸爸热情地招呼着顾客,遇到老顾客,还会聊上几句。甚至从口袋里掏出香烟,递一根给顾客,眉开眼笑地点上火,心里准在想:来吧,这么新鲜的猪肉,买点儿回去吧!

爸爸忙得没时间休息,一连站了好几个小时。地面上也脏脏的,我已经分不清那些脏脏的东西是血渍还是泥水,只看到爸爸的脚在来来回回地挪动。我想,爸爸的脚这么臭,应该就是因为出脚汗,又长时间站在潮湿的地方不通风吧!

自那以后，我再也不嫌弃爸爸脚臭了。他肩上挑的是生活的重担，脚底下是努力奋斗的足迹。他是世界上最好的爸爸！

点 评

陈子旭同学的文章从整体来看，结构比较完整。开头简洁地引出了"我的爸爸"这个主角，中间部分通过描述爸爸的外貌、性格和具体事例来展现爸爸的形象，结尾表达了他对爸爸的爱，让读者能清晰地了解他笔下的爸爸。文章最出彩的是中间部分，他牢牢抓住爸爸脚臭的特点，从多方面展开描写，通过妈妈对爸爸臭鞋的反应，侧面烘托出了爸爸的脚是"生化武器"。小作者留意爸爸平时工作时的言谈举止，细节之处刻画得入木三分。先抑后扬，从嫌弃爸爸到心疼爸爸的辛苦付出，通过自己的观察、思考，明白了爸爸在为家庭奋斗。文章的语言很贴近生活，读起来十分亲切。他用简单平实的话语表达自己的想法，没有刻意堆砌华丽的辞藻，却能把对爸爸的感情表达得真挚动人，这一点非常难得。

指导老师：姚　慧

我家的四大"狂"

懿德校区　三(4)班　成芯瑶

我家的四大"狂",这里说的不是狂妄,而是各有各的"疯狂"特点。

"手机狂"——爸爸

我说爸爸是"工作狂",弟弟说爸爸是"手机狂",好像也对。爸爸平时工作很忙的,难得回家吃个晚饭,就连吃晚饭的时间,视线也离不开手机。"丁零零……"爸爸的手机响了,他接起电话,聊着工作上的事情。放下手机,连饭还没吃完,手机微信又会"叮咚"响起。原来是驾驶员回来了在工作群里报到,爸爸又开始给他们安排任务。爸爸繁忙的工作离不开手机,所以弟弟会说爸爸是"手机狂"。

"购物狂"——妈妈

一说到购物,我就想起我的妈妈。我的妈妈最喜欢在手机上购物了,每次快递到了,她还会使唤我和弟弟帮她一起去拿。妈妈说:"你们不帮我一起,我一趟拿不回来的呀!"我心里想:这得有多少个,居然要三个人一起去拿? 到了驿站才发现,果然大大小小一堆快递要取回家。因此,我的妈妈有了"购物狂"这个称号。最疯狂的是,她很喜欢给我买各种书籍、教辅,我拆快递的时候拿起来重重的、方方正正的,就猜到准是妈妈又给我买书了。有了妈妈这个"购物狂",我们的学习、生活无忧。

"读书狂"——我

我最喜欢看课外书，喜欢在书本里寻找好词好句。作业写好后、睡觉前，我总是会看会儿书。晚上九点闹钟一响，妈妈开始催我睡觉了。过了一会儿，她过来发现我居然还没躺下，直接关灯。可是我还没看完呀，心里特别好奇结局会是怎样的。于是，我还会偷偷爬起来继续看，看得很起劲，直到眼睛睁不开时，我才放下书睡觉。因此，妈妈给我取了个称号——"读书狂"。

"玩具狂"——弟弟

我的弟弟是个不折不扣的"玩具狂"。他有各种各样的玩具：有卡通的小汽车、酷酷的玩具枪、疯狂迷恋的奥特曼，还有他最喜欢拼的积木。

每次经过玩具店，他就走不动路了，缠着妈妈非要进去看看。看看哪行呀，最后在他的软磨硬泡下，总是不会空手而归的。家里面到处都有他的玩具。他对这些玩具爱不释手，只有在睡觉前才依依不舍地放下玩具，去洗澡。有时，甚至还会带着一起睡觉，早上一醒来又开始摸起玩具。

我的"玩具狂"弟弟其实很聪明的。他可以把玩具拆分再组装起来，即使是复杂的乐高，他也可以拼出来。

这就是我们家的"四大狂"，各有各的特点。爸爸妈妈为了我们辛苦地工作，我和弟弟也在他们的呵护下茁壮成长。

点 评

小作者善于观察，能够抓住家人的特点，以家庭为舞台，生动地刻画了爸爸、妈妈、弟弟以及自己四位家庭成员的独特个性与生活习惯,总结出"四大狂"。用生活中的点滴小事给我们娓娓道来这些称号的由来,展现了家庭的温馨与乐趣。

作者通过细腻的观察和生动的描写,让每一位家庭成员都跃然纸上,形象鲜明,各具特色。爸爸是"手机狂",妈妈是"购物狂",弟弟是"玩具狂",而作者自己则是"读书狂"。这样的设定不仅让读者对家庭成员有了深刻的印象,也体现了作者对家庭的热爱与观察入微。

整篇文章结构清晰、语言流畅、情感真挚,让读者在阅读中感受到了家庭的温暖与欢乐。更难能可贵的是,作者在描绘家庭成员的同时,也传递了家庭成员之间互相理解、支持与包容的重要性,具有深刻的教育意义。

希望学生能够继续保持对生活的敏锐观察,用文字记录更多美好的瞬间,创作出更多优秀的作品。

指导老师:徐石颖

直播之"小小动物园"

懿德校区　四(3)班　蒋依帆

　　观众朋友们,大家好! 欢迎来到"小小动物园"直播间,我是今天的主播兼摄影师。现在,请大家紧跟我的镜头,一同来探寻这小小"动物园"里,那些可爱的"动物们"都在做些什么有趣的事吧!

　　首先,让我们把镜头对准这位,他就是家里的"白颊长臂猿"——我的爸爸。他正在把过季的衣服归置到家里那高高的柜子里。你看,那灵活的手臂一伸一展,是不是很像长臂猿在树林间穿梭的样子? 在我们家,要论手臂的长度,爸爸可是当之无愧的第一名。

　　现在,镜头缓缓移向书房。瞧,那位坐在书桌旁的就是我的"叨叨虎"老妈。她属虎,每天早上六点十五分,她都会准时化身成一只虎啸山林的"大虫",催我起床。说到"叨叨虎",顾名思义,她可是个爱说话的主儿,一旦开启叨叨模式,那可真是滔滔不绝,让人应接不暇。哎呀,镜头推进一看,我的作业本上竟然被"虎爪"画上了好几个圈! 三十六计走为上计,赶紧开溜!

　　在下播之前,怎能少了我的自我介绍呢? 我就是这个家里的"小仓鼠"啦! 我是个"零食控",吃东西的时候,总喜欢把腮帮子塞得满满的,看起来就像只圆滚滚的小仓鼠。我还特别喜欢像仓鼠囤粮一样,把零食柜塞得满满当当的,这样才觉得心里踏实。

　　糟糕,"叨叨虎"老妈来了! 看来,我得赶紧下线啦! 各位观众朋友,我们下次再见,拜拜!

　　"直播"的形式令人眼前一亮,小作者以"小小动物园"为创意背景,巧妙地将家庭成员与动物特征相结合,通过镜头切换和生动描绘,将观众带入一个充满趣味和温馨的世界,让读者在轻松愉快的氛围中感受到作者对家庭的深厚情感。

　　文章语言活泼,用词贴切。如用"白颊长臂猿"形容爸爸,表现其手臂的灵活;"叨叨虎"则代表妈妈,形象地描绘了妈妈爱说话的特点。这些比喻不仅生动有趣,而且极具画面感,使得人物形象跃然纸上。文章结构紧凑,条理清晰。作者先介绍爸爸,再转向书房里的妈妈,最后以自我介绍收尾,整个叙述过程流畅自然,层次分明。

　　文章展现出了作者丰富的想象力。将家庭成员比作动物的设定新颖独特,不仅让读者在阅读过程中享受到了乐趣,更激发了读者对于家庭生活的美好想象。

指导老师:颜昊文

我班的"小喇叭"

懿德校区　　五(3)班　　江优优

我们五(3)班的同学们性格各异,但有一人格外与众不同,那就是小马。

小马胖嘟嘟的,肤色极白,脸就像个糯米团子,圆圆的十分可爱。鼻梁上架着蓝色边框的眼镜,一双眼睛灵动之极。小马同学喜怒形于色,易于激动,一激动就会声泪俱下、滔滔不绝,而且声音洪亮,简直是一个"小喇叭"。

众所周知,喇叭的声音是十分大的,所以,毋庸置疑,我们的这位小马同学嗓门也是十分嘹亮。如若是他尖叫一声,恐怕会将我整个耳膜都给震碎了。有一次,老师在课堂上批评我们学习不用功,小马非常有默契地大喊大叫:"就是想着玩,就是不肯做!""这都不会,太差了!""这就是懒呀! 不肯刷题!"说着说着还伤心欲绝地哭了起来,那伤心的样子都让人分不清是演戏还是真情流露。但老师和同学早就习以为常,任由他自怨自艾。反正没过一会儿他又会变得格外乖巧。但是,天天旁边坐着一位"小喇叭",有时真的是哭笑不得。

小马同学虽然常常吵吵闹闹,但他也确实聪敏、热忱。老师很喜欢请他朗读课文,尤其是那种气势磅礴的文章,他读起来情绪到位,仿佛也胸怀大志,让人感同身受。他不仅读书声音嘹亮,上课也会积极发言。课堂上常常能听到他以嘹亮的声音对答如流。听到了他的回答,所有同学都会向他投出赞赏的目光。

古人说，"天生才士定多癖"，其实小马同学的这个小小缺点也为我们班级增添了一些乐趣。我们都很喜欢他。

🏆 点评

小作者用了一个绰号——"小喇叭"来形容自己班里的同学小马，十分贴切且生动。

"小喇叭"顾名思义是指一个人说话声音响亮。对此，小作者略带夸张地表示，"恐怕他会将我整个耳膜都给震碎了"。再结合"小喇叭"白白胖胖、可爱灵动的外貌特点，让人印象深刻。而小作者笔下的"小喇叭"显然不只是声音响亮，他更是能说会道，讲起话来滔滔不绝，给同学带来些许困扰的同时，也给班级带来了乐趣。文中对于"小喇叭"语言、神态描写十分细致，因此人物特点格外突出。平日里，"小喇叭"声情并茂的朗读、机敏的课堂表现也赢得了老师学生的赞赏。至此，人物的特点也丰富起来了。

整篇文章语言流畅，对人物的刻画生动、全面，也呈现出了一个个真实的课堂场景，颇为有趣。

指导老师：汪轶灵

我 的 哥 哥

懿德校区　二(4)班　张佳琦

　　我的哥哥叫张彦钧,小小的个子,大大的眼睛,他笑的时候,两颗酒窝深深刻在脸颊上,就像夜空中弯弯的月牙。

　　他十分懒惰。每次老师叫他做事,他都不情不愿。他还很喜欢捉弄我和小表妹,连三岁的小表弟也不放过。有一次,他偷偷地藏起阿姨给小表弟买的蛋糕,等表弟来了,桌面上早就空空如也了。哥哥笑着说:"哈哈! 蛋糕之前就被我吃了。"表弟气得一蹦三尺高,瞪圆了眼睛,大声地说:"坏表哥! 你怎么能这样!"他一边喊一边哇哇地大哭起来。最后哥哥笑眯眯地拿出了蛋糕,说道:"我才不想吃呢!"这件事让我们很生气。后来他上了六年级,就不再好意思捉弄我们了。

　　当然他也有许多优点,比如钢琴弹得好听,说话声音响亮,耐心地教我骑自行车……我的哥哥真是让人又爱又恨呀!

🏆 点 评

　　唯有真实最感人。小作者写出了生活的味道。写人的文章一定要把人物的特点表现出来,在描写人物外貌时,作者抓住了哥哥有酒窝这个特点,还运用了比喻的修辞手法,把"酒窝"比作"月牙",生动形象地写出了哥哥的可爱。之后,作者先提到了哥哥的缺点,详写了哥哥藏蛋糕这件事。通过语言、神态等细节的描写,使文章充实生动,让一个淘气的哥哥跃然纸上。随后,略写了哥哥的其他优点。

最后用"又爱又恨"进行总结,是作者发自内心的真实感受。选材典型,能围绕人物的特点行文,为主题服务。语言干净、有创意,娓娓道来,看来语文基础不错。小作者的文字仿佛有魔力,让读者能够跨越纸张,感受到那份温暖而真实的情感交流。

指导老师:王　雁

我 的 哥 哥

蓝村校区　一(2)班　郑心垚

我的哥哥高高的个子,弯弯的眉毛,小小的嘴巴能说会道。因为我和哥哥相差仅一岁,导致我们经常被误认为是"龙凤胎"。

哥哥是个二年级的学生,虽然只比我大一岁,可在我心里,他好像比我大很多岁似的,总是会保护我、让着我。哥哥学习也很认真,是我的榜样。

今年,我也上一年级了,终于可以和哥哥同在东方小学学习了。这可把我高兴坏了,因为我们能一起上学、放学,还能在校园中"偶遇"。

你要问我有哥哥好不好?我一定会毫不犹豫地回答你:"当然好了,有个人陪着,有说有笑一起玩,多开心呀!"

🏆 点 评

文章开头通过"高高的个子,弯弯的眉毛,小小的嘴巴能说会道"这样的外貌特征描绘出了一位活泼可爱的哥哥形象,使读者能够快速在脑海中勾勒出哥哥的模样。这种具体的描写方式有助于增强故事的真实感和亲近感,表达了妹妹对哥哥深深的敬爱之情。"虽然只比我大一岁,可在我心里,他好像比我大很多岁似的",这句话反映了作者心理上对哥哥依赖和尊敬的态度。同时,"总是会保护我、让着我"等细节描写也进一步加深了这份情感！文章最后以一个设问句作为结束——"你要问我有哥哥好不好?"然后给出了肯定的回答："当然好了……多开心呀!"这种方式使得文章更加生动有趣,同时也传达出了作者内心的幸福感。

指导老师：李文婷

猜猜他是谁

懿德校区　三(2)班　张梓昊

开心果,顾名思义,是一种吃了能够让人开心的果实,而今天我要给大家介绍的"开心果"却与之不同。

一头乌黑而略显凌乱的短发,就像春天里刚长出的小草,充满着生机与活力。两道微微上扬的眉毛,如同两片轻盈的柳叶,眉下是一双明亮而灵动的大眼睛,犹如两颗黑宝石般闪烁着好奇的光芒。他的眼睛清澈、纯净,仿佛能倒映出整个世界的奇妙。他的小鼻子微微上翘,显得十分俏皮可爱。下面是一张总是微微嘟起的小嘴,粉嫩嫩的,如同熟透的樱桃。他的脸蛋圆圆的,红扑扑的,就像熟透的苹果,让人忍不住想要捏一捏。

他的自行车骑得特别好。骑车时,他那小小的脚用力地蹬着踏板,每一次踩踏都带着满满的活力。自行车在他的驾驭下,平稳地向前行驶,车轮飞速转动,发出轻微的"呼呼"声。他的身体微微前倾,仿佛在与风赛跑。

他是一个十分有趣的同学。有一次,他给大家讲笑话。他刚眉飞色舞地说完笑话,只见周围的小伙伴们先是愣了一下,随后也爆发出一阵欢快的笑声。他看着大家笑得这么开心,脸上露出了得意的笑容。

我已经把他的特点都告诉你们啦,快来猜猜他是谁吧!我期待着你们能和我一样,发现他身上更多的闪光点。

在内容上,作文开篇点明主题,以独特的视角将同学比作"开心果",引起读者兴趣。接着,通过对同学外貌细致入微的描写,让读者对其有了直观的印象。之后,又讲述同学骑车技术好和讲笑话逗乐大家这两件事,进一步突出其有趣且充满活力的特点,内容丰富且完整。

修辞手法的运用是本文一大亮点。外貌描写中,运用了大量比喻,如将短发比作春天的小草,眉毛比作柳叶,眼睛比作黑宝石,等等,把同学的可爱形象生动地展现出来。写骑车时,"仿佛在与风赛跑"运用拟人手法,为同学的骑行场景增添了动态的画面感。这些修辞手法的运用,使文章语言更加生动形象,富有感染力。

但文章也存在一些不足,如事例描述稍显简略,可适当增加细节,让内容更丰富。整体而言,这是一篇不错的作文,生动地描绘出一个充满魅力的同学形象。

指导老师:陈圆媛

我的体育老师

懿德校区　五(3)班　马士豪

在众多老师中,体育老师的形象让我印象深刻。他身材魁梧,最突出的莫过于他的胸脯,高耸而又开阔,好似骑士身穿的盔甲。他走路时胸脯微微抖动,像骑士前进时盔甲抖动似的,给人很强的压迫感。他的脸上常常带着严肃的表情,那双眼睛时而犀利,时而充满关心。

体育老师总是严格要求我们,在他的体育课上,我们丝毫不敢松懈。

一次体育课上,他让我们做热身运动。有个同学因为想偷懒,所以趁体育老师喊口令的时候与旁边的同学窃窃私语,手上的动作也跟着停了下来。没想到,还没等那位同学说完一句话,体育老师就已经悄无声息地来到了他的身后。体育老师的脸立刻板了下来,大喝道:"你不好好做操在干什么?等会儿给我重做一遍!还有旁边的那位,这次就算了,下不为例!"他说话时胸脯越发高耸,仿佛怒火积满了他的胸脯,而其他同学都已经完全被他的气势震慑住了。

除了严格,体育老师还有另一面。在课堂上,他可能会因为一个小动作而批评你,但在你受伤时,他会像阳光一样温暖你。做完热身运动后,老师让我们打篮球。在奔跑的过程中,有一位同学摔伤了。老师马上跑了过去,扶起了那位同学,并亲切地问他:"你还好吗,要不要让同学陪你去一趟医务室?"他这时的脸色与刚才训斥我们时的脸色截然不同,仿佛换了个人似的。在说话时,他的胸脯明显降下来了许多。那一刻,我深深地感受到了他的关心。

这样的双重性格,给我们带来了深刻的影响。他的严格,让我们更加尊重他,更加珍惜每一次体育课;他的关心,让我们知道了什么是真正的关爱,什么是真正的责任。

🏆 点 评

一提到体育老师,大家的印象会是什么?相信大多数都会是"高大魁梧"吧!小作者的体育老师也不例外。但小作者没有泛泛而谈,而是通过细致的观察和贴切的比喻,塑造了一个强壮健硕的体育老师形象。他将体育老师的肌肉比作骑士身穿的盔甲,十分生动。"他走路时胸脯微微抖动,像骑士前进时盔甲抖动似的,给人很强的压迫感。"这段文字所刻画的场景令人难忘。

不仅如此,小作者还以体育老师"高耸而又开阔"的胸脯为线索,贯穿全文,颇具巧思。体育老师生气时"胸脯越发高耸,仿佛怒火积满了他的胸脯";温柔时"他的胸脯明显降下来了许多"。这两个场景将体育老师既严厉又关爱学生的特点刻画得入木三分。而健硕的体格与体育老师对学生的无微不至的关心又形成了巨大反差,令人印象深刻。

指导老师:汪轶灵

第六部分

行万里路

XING WAN LI LU

草原骑马记

懿德校区　四(1)班　周沐阳

今年暑假,妈妈带我去了呼伦贝尔大草原旅行。一路上碧空如洗,风景如画,草原像一块巨大的绿色地毯,牛羊在这块"地毯"上悠闲地吃草,成群的马儿在草原上狂奔。不禁让我想起:天苍苍,野茫茫,风吹草低见牛羊。不过,我觉得草原之行最有趣的事情就是骑马了。

第二天,大家到了骑马的地方,我快速地穿好了骑马装备,挑了一匹全身棕色、高大威猛的马儿。我兴奋地想要立即跨上去,可是马太高了,怎么跨都跨不上去。后来,在马师的帮助下,我踩紧马镫,纵身一跃,就跨到马背上。我手牵缰绳,想要马儿跑起来,便学着大人喊:"驾……驾……"可这匹马就是不动弹。眼看大家都要跑得无影无踪了,我生气地踢了踢马肚子。这时,马儿好像得到了指令,开始往前奔去,追赶着前面的马儿。我的屁股也跟着马的节奏一颠一颠地起落,心里别提有多激动了。

我骑在马背上,清凉的风吹在我的小脸上。碧蓝的天空中升起大朵大朵的云,耳边是马蹄踩到草地的沙沙声。我好像突然长高了似的,如一位威风凛凛的大将军,在广阔的草原上策马扬鞭。我们穿过茂密的白桦林,跨过陡峭的山脊,蹚过弯曲的小河,最终到达目的地。我一拉马绳,马儿听懂了我的指令,立马停了下来。领队把马拴在河边,让马儿休息片刻,我便跟小伙伴一起打水漂。没过多久,我们便往回走了。

草原之行还有很多很多值得回忆的事，但这一次骑马的经历，让我终生难忘。

🏆 点 评

选材新颖且富有特色，选取了草原骑马这一极具草原风情的经历，让读者仿佛身临其境，跟随小作者一同感受呼伦贝尔大草原的魅力。开篇对草原景色的描绘，如"一路上碧空如洗，风景如画，草原像一块巨大的绿色地毯，牛羊在这块'地毯'上悠闲地吃草，成群的马儿在草原上狂奔"，生动形象地勾勒出草原的壮阔与生机，为后文骑马的趣事做了很好的铺垫，也成功引出主题。

情节描述细致入微，作者详细记录了从准备骑马、上马困难，到策马奔腾、最终到达目的地的全过程。其间穿插自己的心理变化，从最初跨不上马的焦急，到马儿不动时的生气，再到驰骋草原的激动，使读者能深刻体会到作者当时的感受，增强了文章的可读性与趣味性。

指导老师：王晓云

捞　虾　记

懿德校区　四(3)班　颜家弘

在这个国庆假期里,我和爸爸妈妈,还有一众小伙伴一起来到"中国美丽乡村第一村"——刘家塘村游玩。这里没有城市的喧嚣,没有城市的车水马龙,也没有城市的绚丽灯光,但是有乡村的恬静,有牛吃草时的哞哞声,还有夜空中一闪一闪眨着眼睛的星星,一切都是那么宁静,令我心旷神怡。

我们住在一栋民宿里,被群山包围着。早上起得早,还可以看到云雾缭绕的高山,如仙境一般。我最爱的是门前那条小河。它不宽,仅 2 米左右,也不深,蹚水过河时河水只没过我的小腿。河水清澈见底,听当地人说,这些水是地下冒出来的,到了冬天,水温能保持在 30 摄氏度左右。正因如此,这里生活着许多小虾。于是,我和我的小伙伴拿着捞网在小河边捞虾,玩得不亦乐乎。我采用守株待"虾"法。在下游的地方选了一个绝佳的位置,将网兜放入水中,再用两块大石头将网兜固定住,等待着小虾们自投罗网。我目不转睛地盯着网口,等了好半天,才迫不及待地将网提了起来。咦,怎么一只小虾也没有?不,再仔细看看!确实没有,里面空荡荡的,仅有几棵水草。我沮丧极了,真是出师不利!

这时,爸爸见我失落,忙过来安慰道:"没关系,你看,岸边是不是有很多水草?小虾们都藏在水草里呢!你贴着水草捞,一定会收获满满!"我照着爸爸说的方法,先慢慢地把网兜放入水中,悄悄地靠近水草。接着，猛地一捞，就捞到了一群活蹦乱跳的小虾。"成功了！成功了！"我的伙伴们欢呼道。他们也学着我的样子，一捞再一提，小虾们就成了我们的"瓮中鳖"。就这样，一只、两只……十只……不一会儿，我们就捞了满满一盆小虾。爸爸在旁边打趣道："今晚可以加餐了！"我和小伙伴们不约而同地哈哈大笑起来。

妈妈说："这是黑壳虾，是一种用来观赏的虾。小河是它们的家，还是把它们放回大自然吧！"可这是我一整个下午的劳动成果啊……正当我耷拉着脑袋想将内心的想法脱口而出的那一刹那，盆里的水适时地溅到了我的脸颊上，我注意到了那些小虾。它们不过我一个小指那样大，却个个用尽全身解数在盆中扑腾着、挣扎着、跳跃着，向着盆外的天地，向着一线生机……那一瞬间，我下定了决心，生怕再多浪费一秒，我一声不吭地迅速倾倒了盆里的小虾。它们迅速四散开，直到彻底与小河融为一色、消失不见时，我才收回我久久停滞的目光。

此时此刻，我才明白齐白石为什么能终其一生画虾，因为它们的灵动婀娜，更因为它们永不言弃的精神。我想，它们一定已经找到了自由，会在妈妈身边安心长大吧。

🏆 点 评

文章生动地描绘了作者在刘家塘村度假的愉快经历，以及与小虾们互动的有趣场景。文章语言流畅，情感真挚，能够很好地将读者带入那个宁静美丽的乡村环境之中。特别是对小虾的描述，细腻入微，展现了小作者对自然界生命的观察力和同情心。

文章结构清晰。先是介绍了乡村的美景和住宿环境，然后详细叙述了捞虾的过程，最后以释放小虾的决定作为结尾，体现了作者的成长和对生命尊重的态度。通过这次活动，小作者不仅体验到了乡村生活的乐趣，还学到了关于生态保护和动物福利的重要课程。

指导老师：徐　筱

美丽的世纪公园

蓝村校区　三(3)班　吴胤泽

世纪公园位于上海市浦东新区花木地区，那里一年四季景色优美。

从一号门进来，首先映入眼帘的就是一个音乐喷泉。喷泉设计十分独特，中央是一个巨大的圆形喷泉，四周围绕着许多小型喷泉，形成了层层叠叠的水幕。每当音乐响起，喷泉便随着节奏跳跃、旋转、起伏，时而高达数十米，时而低至几米，犹如一位婀娜多姿的舞者在空中翩翩起舞。

绕过喷泉就是鸟类保护区。那里的鸟可真多，有鸽子、喜鹊、布谷鸟……它们可爱极了。有的在津津有味地啄玉米，有的在天空中自由地飞翔，有的围成一圈，"叽叽喳喳"地叫着，似乎在讨论着什么。

穿过鸟类保护区往南走，你会看见一块绿茵茵的大草坪。瞧，小草精神焕发，伴着微风轻轻摇曳。草坪上人很多，有的人在露营，他们支起帐篷，铺上野餐垫，沐浴着温暖的阳光，享受着美食带来的快乐。远处有一群小男孩儿在踢足球，你一脚我一脚，踢得不亦乐乎，清脆的笑声传遍了整个草坪。

世纪公园还有美丽的花坛，一年四季鲜花盛开。公园中央还有一个碧绿的湖，湖水清澈见底，岸边也种满了柳树。这不禁让我想起了诗人贺知章写的《咏柳》："碧玉妆成一树高，万条垂下绿丝绦。不知细叶谁裁出，二月春风似剪刀。"

啊,美丽可爱的世纪公园真让我百去不厌!

🏆 点 评

　　小作者的这篇关于世纪公园的文章,充满了生动的描绘和细腻的情感流动。文章开头即明确指出了世纪公园的地理位置和总体特点,为读者勾勒出一个清晰而美丽的画面。在文章的主体部分,小作者以游踪为线索,层次分明地逐一介绍了公园中的各个区域,且语言生动,句式多样,使得每个景物都跃然纸上。结尾部分巧妙地引用诗句,不仅与文章主题相呼应,更增添了一番文学韵味,同时也流露出小作者对世纪公园深深的喜爱与赞美之情。整篇文章条理清晰,情感真挚,是值得品读的佳作。

指导老师:彭　英

南京路步行街游记

懿德校区　四(4)班　党晨煊

在今年暑假的一个风和日丽的上午,爸爸妈妈带我们姐妹俩来到了上海有名的南京路步行街。

虽然才上午十点多,这里却已经是人山人海,用摩肩接踵形容毫不为过。一眼望去,人头攒动,熙来攘往,喧嚣但不杂乱,热闹却不失有序,每个人的脸上都洋溢着一抹幸福和喜悦。

你看,有的小朋友手里拿着硕大的棉花糖,有的举着一串红艳艳的糖葫芦,有的漂亮小姐姐手里拿着香甜的奶茶,有的帅气小哥哥手里举着一面小小的五星红旗。

突然,牵着我的手的爸爸顿住了脚步,顺着他的眼光望去,我看见两位站得笔直的武警战士,手里紧紧握着钢枪,宛如两棵挺拔的青松。我突然看到爸爸的眼中有了些许不一样的光。其实我是知道的,因为他也曾经穿过那一身橄榄绿的军服。我和姐姐原本想去武警叔叔那里拍照留念,却被爸爸制止了,我明白爸爸的用意,应该是叫我们不要轻易打扰军人的执勤工作吧!

我们继续游玩。路上有各种肤色的游客,有身着各色衣服的行人,还有洋溢着青春和活力的滑板少年。我们找到了一处不错的休息点,品尝着美食,爸爸突然问了我和妹妹一个问题:今天出来有什么感想?我俩对视片刻,几乎是异口同声地说:安全和幸福!

看着行色匆匆的外卖小哥、辛勤劳作的环卫工人、车水马龙的街道,我若有所思。是啊,我们生活在一个安全、稳定、高速发展的好时代,今天的美好生活是多少先辈用宝贵的生命换来的。我们当珍惜眼前的一切,努力学习,成为对社会有用的人才。

在回家的路上,我和妹妹真诚地给爸爸妈妈说了一声:"谢谢!"同时在心里对所有默默守护着我们平安的人也说了一声:"谢谢!"

🏆 点 评

小作者以细腻的笔触描绘了南京路步行街的繁华与热闹,让读者仿佛亲临其境。文中对各行各业、形形色色的人的生动刻画,展现了出色的观察力和表达能力。

尤为值得一提的是,文章巧妙地融入了作者个人的情感和体验,使得游记不仅仅是一次简单的行走记录,更是一次心灵的触动与感悟。这样的写作手法,无疑为文章增添了更多的人文色彩和深度。

当然,文章在语言的精炼度和结构的紧凑性方面仍有提升的空间。若能在未来的写作中更加注重这些方面,相信作品会更加引人入胜。

这次游记写作是一次成功的尝试,充分展示了小作者的文学才华和潜力。希望她能继续保持这份对写作的热爱与执着,不断磨砺自己的文笔,创作出更多优秀的作品。期待她在文学道路上越走越远,绽放更加耀眼的光芒。

指导老师:徐石颖

爬　山

懿德校区　　三(1)班　　徐婧涵

十一假期,爸爸妈妈带我和表妹开车去爬山。一到那儿,山前那雄伟的石门就非常引人注目,石门上写着三个苍劲有力的大字——云龙山。

我们沿着陡峭的石阶往上爬,一边爬一边欣赏沿途风景。山上有五颜六色的鲜花和形状各异的石头,还有许多叫不出名字的古树。一不留神,还会蹿出一只松鼠和我们"打招呼"。不一会儿,我们便爬上了山顶。抬头望去,蓝天白云仿佛就在我们头顶上。远处是满眼的绿色,浓绿、翠绿、淡绿、墨绿……层层叠叠,仿佛是仙人在调色盘里酝酿了一番,要给这大自然涂上绿意盎然的浓墨重彩。从山顶往下看,沙滩、电视塔和波光粼粼的云龙湖尽收眼底。我想杜甫的"会当凌绝顶,一览众山小"说的就是眼前的景象了吧!

这次爬山不仅让我看到了不一样的风景,更让我懂得了坚持和努力的意义。在回家的路上,我暗暗下决心,下次要爬更多更高的山。

🏆 点评

文章整体结构较为清晰,有明确的行文顺序。开头点明了要去爬山,中间详细叙述了爬山的经过,结尾表达了自己的感受,完整地记录了这次爬山的经历。文章情感表达真实,让人能真切地感受到小作者在爬山过程中的各种情绪:一开始的兴奋、途中的疲惫、登上山顶后的喜悦,这种真实情感的流露让文章更具感染力。文章对远方群山叠嶂的描写尤为出彩,语言优美,富有诗意。杜甫诗句的使用,体现了作者丰富的课外积累。通过这次爬山,作者受到了启发并有所感悟,明白了坚持和努力的意义。文章最后以爬山带给她的收获作为结尾,结构完整,主题突出。美中不足的是缺乏对人物的刻画,除了自己,同行的人也可以适当描写一下。

指导老师:姚　慧

推荐一个好地方

——扬州

懿德校区　　四（2）班　　孙煜昊

　　每年暑假，爸爸妈妈都会带我到江浙一带感受江南文化。这次我们选择了扬州。

　　这座古老而美丽的城市，仿佛一颗璀璨的明珠，镶嵌在江南大地上。那里有茂盛的杨柳，在热浪中轻轻摇曳，仿佛在向人们诉说着古老的故事；那里有潺潺的流水，清澈见底，鱼儿在湖底纳凉；那里有古朴的建筑，白墙黑瓦、雕梁画栋，散发着浓厚的历史气息。

　　八月的扬州，到处都是盛开的太阳花和紫薇花，红的像火，粉的像霞，白的像雪，与墨绿的树叶和周边的建筑交相辉映。我们乘坐观光车来到瘦西湖边，垂柳依依，湖水碧波荡漾。我们漫步在湖边，听导游讲解历史，也欣赏着美丽的风景，感受着夏天的气息。来到扬州怎么能不去大运河博物馆？这里包括展馆、大运塔和今月桥三部分，登塔可以俯瞰"三湾抵一坝"的历史景观。

　　扬州的美食也让人回味无穷。那鲜美的扬州炒饭，颗粒分明、香气扑鼻；那嫩滑的狮子头，口感细腻、味道醇厚；还有那香甜的千层糕，层层叠叠，让人垂涎欲滴。还有许多软糯甜点，让我爱不释手。

　　"故人西辞黄鹤楼，烟花三月下扬州。"李白的浪漫，让世人对扬州的春天产生了无限遐想。如果有机会，我真想在烟花三月的时候去扬州,去感受那里美丽的春日风景,再次品尝那里的美食,更加深度地体验那里悠久的历史和文化。

🏆 点 评

　　文章开门见山,开篇即点明了要推荐的地方。具体地写出了推荐的理由,接着生动形象地描绘出了它的美丽之处。习作结构清晰、有条不紊,令人印象深刻。作者运用了大量的比喻、拟人等修辞手法,如"茂盛的杨柳,在热浪中轻轻摇曳,仿佛在向人们诉说着古老的故事",使得描写更加生动形象。对色彩的运用也十分到位,如"红的像火,粉的像霞,白的像雪",不仅描绘了花朵的鲜艳,也增添了文章的画面感。作者在描述每一处景点时,都融入了自己的感受和体会,如"我们漫步在湖边,听导游讲解历史,也欣赏着美丽的风景,感受着夏天的气息",使得文章充满了感情色彩。结尾处引用李白的诗句"故人西辞黄鹤楼,烟花三月下扬州",不仅与文章的主题相呼应,也提升了整篇习作的意境和文学价值。

指导老师:陈晓芸

推荐一个好地方

——滴水湖

懿德校区　四(3)班　杜以航

在炎炎夏日里,你是否渴望找到一个既清凉又充满乐趣的地方?今天,就让我带你游览滴水湖——一个让人心旷神怡、流连忘返的好去处。

一踏入这片神奇的土地,首先迎接我们的是那清新凉爽的湖边风。微风吹拂过脸颊,仿佛能带走所有的烦恼与疲惫。远处,波光粼粼的湖面上点缀着几只悠闲划过的小船。而最引人注目的,莫过于湖中央那座银光闪闪的雕塑了,它就像一枚镶嵌在大自然中的璀璨戒指,静静地诉说着这里的故事。

沿着蜿蜒曲折的小径漫步前行,我的耳边传来阵阵欢快的狗吠声,原来是一群活泼可爱的小狗正在轮渡后面追逐嬉戏。它们身上柔软的毛发被温柔地吹拂着,形成了一幅动人的画面。偶尔还能看到几条调皮的小鱼跃出水面,在空中划出一道道优美的弧线,宛如在进行一场无声的水上芭蕾表演。

正当我们沉醉于这份宁静美好之时,头顶突然响起"轰轰"的声音,一架架飞机正从天空中掠过,给这宁静的画面增添了几分现代气息。继续往前走,不知不觉间便来到了航海博物馆前。推开沉重的大门,映入眼帘的是一艘巨大的古代木船模型,其规模之大令人惊叹不已,几乎占据了整个展厅的空间!紧接着,另一艘精致逼真的潜水艇也吸引了众人的目光,其内部结构复杂,让人不禁对海洋深处产生了无限遐想。

随着参观路线深入,第三层展区向我们展示了船只发展的历史:从最初的简陋木筏到后来坚固耐用的木质帆船,再到如今威武雄壮的军事战舰……每一步都凝聚着人类的智慧与勇气。其中令我印象最深刻的当属中国首艘航空母舰"辽宁"号,它不仅是国家实力的象征,更是无数造船人辛勤付出的结果。

参观完毕之后,肚子也开始咕咕叫起来。幸好楼下就有一家温馨舒适的食堂等着我们。点上一份热腾腾的套餐,面条Q弹爽滑,薯饼外脆内软,每一口都是满满的幸福感。吃饱喝足后,带着满足的心情踏上归途,我在心中默默许下愿望:希望有一天还能再次来到这里,感受那份难得的宁静与美好。

如果你也想体验这样一段难忘旅程的话,请一定不要错过滴水湖哦!相信这里一定会给你留下深刻的印象。

🏆 点 评

这篇作文以生动的语言和丰富的细节描绘了滴水湖的美景与活动,展现了作者对这片土地细致的观察力和深厚的情感。文章开头通过设问的方式吸引读者的注意力,随后以第一人称的视角带领读者游览滴水湖,使得文章具有强烈的代入感和现场感。语言方面,文章通过一系列细腻的描写,如"银光闪闪的雕塑""空中划出一道道优美的弧线"等,增强了文本的表现力和感染力。同时,作者还注意到了声音、色彩、动态等多方面的感官体验,让读者仿佛身临其境。

在内容上,作者巧妙地结合了自然风光与人文景观,不仅描述了湖边风景、小狗嬉戏等自然元素，还介绍了航海博物馆内的展览，体现了滴水湖不仅是自然休闲的好去处，也是了解海洋文化和船舶历史的教育基地。此外，文章末尾通过描述美食体验，增加了生活气息，使整个旅程更加完整和立体。

指导老师：徐　筱

推荐一个好地方

——黄果树瀑布

蓝村校区　　四(2)班　　刘岳洋

"素影空中飘匹练,寒声天上落银河。"今天我要给大家推荐的地方是黄果树瀑布。

黄果树瀑布位于中国贵州省安顺市。黄果树瀑布不仅是我国著名的 5A 级旅游景区,而且被《中国国家地理》杂志称为"不能复制的雄浑"。它高 77.8 米,宽 101 米,以水势浩大著称。每年的七八月是它的丰水期,络绎不绝的游客会前往此地,观赏它的美景。

当你来到山脚下,便可以听到从远处传来的隆隆响声,仿佛是大自然的交响乐。沿着蜿蜒的小道,朝声音的方向走去,越靠近瀑布,水声越来越响,如同万马奔腾,让人心潮澎湃。

再往前走,很快,黄果树瀑布的全貌映入眼帘。你会被眼前的景象所震撼,只见那瀑布从高高的悬崖上倾泻而下,如同一条银色的巨龙从天而降,声势浩大、气势磅礴。你一定会想起李白的诗句:"飞流直下三千尺,疑是银河落九天。"

这就是我要给你们推荐的地方——黄果树瀑布,值得每一个人去探访。

  小作者以细腻的描写和丰富的情感,向读者推荐了中国著名的自然景观——黄果树瀑布。文章开篇引用诗句"素影空中飘匹练,寒声天上落银河",引人入胜,为后续内容奠定了诗意的基调。

  作文结构清晰、层次分明,从瀑布的地理位置、特点到亲身体验的细节描写,都十分生动具体。通过"隆隆响声""万马奔腾"等形象化的语言,作者将瀑布的声势浩大和气势磅礴刻画得栩栩如生,让读者仿佛身临其境。尤其是当瀑布全貌展现时,作者用"银色的巨龙从天而降"的比喻,展现了瀑布的壮丽,令人震撼。同时巧妙地引用李白的诗句,进一步增强了文章的文学感染力。

  此外,文章语言流畅、情感真挚,不仅让读者感受到了黄果树瀑布的雄伟壮观,也激发了人们对大自然的向往。

指导老师:余诗佳

我的"寻访东坡"之路

蓝村校区　四（3）班　田梦心

我喜欢看《唐宋八大家》的纪录片，对其中的苏轼是最感兴趣的，时常想到东坡驻留过的地方一探究竟。今天我就来讲讲我是如何计划我的"寻访东坡"之路的。

第一站，我要去有苏堤的山水之城——杭州。我准备先去西湖中那条全国闻名的苏堤，感受东坡作为一个好官，为了防止西湖涝灾导致两岸百姓受到伤害，而除淤泥、建堤坝的思想。然后，我要去西湖，感受那"水光潋滟晴方好，山色空蒙雨亦奇"的美景，三潭印月、曲院风荷、苏堤春晓、雷峰夕照……"西湖十景"每一景都不能放过。接着，我要去尝尝东坡梅干菜肉饼、东坡肉、东坡鱼、东坡豆腐、东坡肘子……一定要品味一下"美食家"苏东坡的发明。

第二站，我要去苏轼自号"东坡居士"的灵感发源地——黄州，也就是今天的湖北省黄冈市。在"乌台诗案"之后，东坡被贬谪到这里。一天，他想给自己在家门口种菜的小土丘起个名字，他灵机一动，这个小土丘在屋子大门的东边，就叫"东坡"吧。他太喜欢这个小土丘了，就自号"东坡居士"。可他不知道的是，就是他无意中给自己起的号，千古流传。我很想看看小土丘有多美，能让苏轼这么喜欢。我还要去看看东坡笔下"遥想公瑾当年，小乔初嫁了，雄姿英发，羽扇纶巾"的古战场——赤壁，既要看看"月出东山之巅，映照千古风流"的景色，也要感受东坡豪迈的气概。

第三站，我要去东坡写出数首《江城子》的密州，就是现在的山东省诸城市。去感受在阖家团圆、欢声笑语的新年，深夜仍不散去时，东坡一个人离家，去亡妻王弗的墓前，写下"十年生死两茫茫，不思量，自难忘"时的悲伤。我还要去感受东坡请密州五百壮士合唱"会挽雕弓如满月，西北望，射天狼"的豪气显露、才气纵横，更要听出东坡狩猎时的快乐。这些都是他在密州知州任上时的作品。

苏东坡在许多州县留下了自己的足迹，而这三个是他驻留时间比较长的地方，我一定要去看看。

后 记

电影《长安三万里》激发起了我对历史和古诗词的兴趣。于是，我读了很多遍林汉达先生等人编著的《上下五千年》，想要知道更多的历史故事。偶然间，妈妈发现了央视频App里有许多内容很好的纪录片，于是我在学习之余就一部一部地观看。我最喜欢《唐宋八大家》中的苏轼。俗话说"读万卷书，行万里路"，如果有机会，我特别想重走一次"东坡之路"，去探寻、去体验、去感受。

🏆 点 评

小作者的这篇习作中心明确，内容完整，层次清晰，详略得当。这份"寻访东坡"之路计划，充满了对苏轼的热爱与探寻的热情，让人眼前一亮。

在内容上，非常丰富翔实。杭州之行，小作者不仅关注到苏堤背后东坡的为官功绩，还计划领略西湖美景、品尝东坡美食，全方位感受杭州与苏轼的关联；黄州之旅，对"东坡居士"名号由来的讲述，以及对赤壁古战场的期待，让黄州之行充满历史韵味；密州部分，深入体会东坡诗词中蕴含的情感，无论是对亡妻的思念，还是狩猎时的豪情，都展现出小作者对苏轼作品的深刻理解。

本文描写生动形象，让人仿佛沉浸于苏轼当时所处的情景之中。那份对历史和文化的探索精神，是对中华优秀文化的珍视和传承。

指导老师：倪　源

安吉，我的家乡

懿德校区　一（1）班　王子琪

　　我的家乡在浙江安吉，安吉是一个山清水秀、景色宜人、鸟语花香的好地方。这里群山环绕、树木茂盛、竹海连绵，到处都是竹子，被称为"中国竹乡"。

　　安吉拥有亚洲最大的竹博园。世界各地的竹子种类，在竹博园里随处可见。里面还居住着两只可爱的国宝大熊猫——安安和吉吉。每次来到竹博园参观，我都会流连忘返。

　　安吉还有亚洲第一、世界第二的天荒坪抽水蓄能电站，非常雄伟壮观。

　　安吉的物产很丰富，特产有白茶、板栗、山核桃、竹子、笋干……如果你到这里来，我们准会让你喝上最香甜的白茶，吃上最可口的竹笋。

　　我的家乡真美！我爱我的家乡——安吉！

🏆 点　评

　　作者以饱含深情的笔触，为我们徐徐展开一幅关于家乡安吉的生动画卷。开篇点明安吉"中国竹乡"的美誉，竹子作为安吉的特色名片，不仅勾勒出安吉秀美的自然风光，更承载着深厚的地域文化底蕴。文中着重提到的亚洲第一、世界第二的抽水蓄能电站，这一宏伟工程彰显着安吉在现代科技与能源领域的卓越成就,展现出传统与现代交织的独特魅力,也难怪作者对家乡满是自豪之情。此外,作者还细致地介绍了安吉丰富的物产,这些物产犹如颗颗明珠,镶嵌在安吉这片土地上。透过文字,读者能深切感受到作者内心强烈的渴望:希望更多人能知晓安吉、走进安吉,领略这座城市的独特风姿,感受它的热情与活力。这篇文章不仅是对家乡的赞美,更是一张诚挚的邀请函,吸引着读者踏上探索安吉之旅。

指导老师:朱智贤

游佘山国家森林公园

懿德校区　五(4)班　王　佑

去年暑假,妈妈带我到佘山国家森林公园爬山。佘山是上海最高的地方,也被称为"上海的后花园"。站在公园入口,正大门整齐地写着"佘山国家森林公园"几个大字,十分醒目。

进入园内,映入眼帘的是一条直入云霄的登山道。道路两旁树木参天,枝繁叶茂,像一把把撑开的大伞,洒下一片片阴凉。虽然是炎热的夏天,可是我丝毫感觉不到夏日的燥热。每级台阶并不高,走起来很方便。我兴致勃勃,率先出发。只见我健步如飞,一步两阶往上爬。我边爬边喊妈妈快一点,生怕她跟不上我。

走了很久,眼前的楼梯慢慢消失,抬头望去便看到一座亭子的宝顶和四个角。它们像鸟儿正准备展翅飞翔。再往上走,就可以看到亭子的全貌了。上面写着"白石山亭"四个字。白石山亭古色古香,上面有青砖绿瓦覆盖,花板镂空,花纹左右对称,十分美观。六根圆柱托起亭子,柱子之间有长长的坐板连接,供人们休息时使用。

我和妈妈在白石山亭稍作休息后,向右没走多远,就踏上了竹林栈道。木头铺就的栈道非常平坦,踩上去哒哒作响。栈道两旁耸立着笔直的竹子,有的竹子像我的大腿那样粗,也有的像我手指那样细,粗细错落有致,别有一番天然趣味。竹子摸上去很光滑,凑近了还能闻到清香。一阵微风拂过,只听竹叶沙沙作响。弯弯曲曲的栈道掩映在竹林中,真是"竹径通幽处,深景更迷人"。

穿过竹林栈道，又走了很久，我们终于来到了观光台。举目远眺，山下风景尽收眼底。真是"不畏浮云遮望眼，自缘身在最高层"。

佘山国家森林公园不仅让我们强身健体，更让我们在喧嚣的都市中找到一份宁静。我喜欢这座公园，喜欢这份来自自然的礼物。

🏆 点 评

文章按照登山的顺序展开，层次分明，情景交融，表达了作者对大自然的热爱。小作者描述了去佘山国家森林公园的经历，语言生动，情感真挚，让人感受到作者对大自然的热爱和对美好事物的追求。作者在描写景物时抓住了它们的特征，通过细致的描写让人仿佛置身其中。例如"道路两旁树木参天，枝繁叶茂，像一把把打开的大伞，洒下一片片阴凉"这句话，形象地描绘了树木的茂盛和给人带来的阴凉感，让人感同身受。虽然文章整体描写生动，但在一些细节上还可以更加丰富。例如在描写白石山亭时，可以增加一些关于亭子周围环境的描写，使画面感更强。

指导老师：郑楚楚

醉 美 桂 林

懿德校区　四(1)班　陆梓萱

常听人说:"桂林山水甲天下,阳朔山水甲桂林。"这句话一直把我的心挠得痒痒的。今年暑假,爸爸妈妈终于实现了我的梦想,我们去游桂林啦!

桂林山清水秀,我在那里看到最多的就是千姿百态、形态各异的山,最令我难忘的就是象鼻山了。象鼻山位于漓江边上,山虽不高,却很小巧秀丽。远远望去,就像一头大象在江中戏水,瞬间让人浮想联翩。"象鼻"深入漓江形成的水月洞,犹如一轮明月浮于水面,留下了"水底有明月,水上明月浮。水流月不去,月去水还流"的千古名句。

我们还乘着游船泛舟漓江,两岸的山峦连绵起伏,江水与天对映,宛若人间仙境。我惊叹于大自然鬼斧神工的同时,著名的"望夫石""仙人推磨""童子拜观音""骆驼过江"等陆续出现,栩栩如生。但最让人记忆犹新的莫过于"九马画山"了。看! 前方的山崖上似乎有一匹生龙活虎的白马正在狂野地奔跑,而它的右下方还有一匹精神抖擞的黑马,马背上的鬃毛随风摆动着……当然,每一匹马都需要你用智慧的眼睛和丰富的想象力去发现呢!

桂林的山美,水也美! 我从来没有看过像漓江这样清的水,清得可以看到江底青褐色的石头。两岸青山的影子倒映在漓江的水面上,就像一块翡翠,碧绿无瑕。如此美景,让我深深陶醉了!

几缕阳光通过山峦的缝隙洒在江面上,江面泛起波光,还有几叶竹筏荡漾着,让人感觉走进了一幅绝美画卷中,真是"舟行碧波上,人在画中游"。

🏆 点 评

小作者围绕"游桂林"展开,详细描述了桂林的象鼻山、漓江沿途的山峦奇观以及清澈的江水,将桂林山水的特色展现得淋漓尽致,让读者仿若身临其境,跟随着作者一同开启这场梦幻之旅,很好地诠释了"桂林山水甲天下"的美名。

在描写象鼻山时,"山虽不高,却很小巧秀丽,远远望去,就像一头大象在江中戏水",运用比喻的手法,生动形象地勾勒出象鼻山的独特外形,使人眼前一亮;写"九马画山"时,对白马、黑马细致入微的刻画,如"马背上的鬃毛随风摆动着",增添画面感;再加上诗句的引用,丰富了文章的文化底蕴。

文章字里行间洋溢着作者对桂林山水的喜爱与陶醉之情,如"如此美景,让我深深陶醉了",这份真情实感极易引发读者共鸣,激发大家对桂林的向往,使文章富有感染力。

指导老师:王晓云

秋　游

懿德校区　三(1)班　陈昱谦

　　秋高气爽,层林尽染,学校组织我们去奉贤海湾国家森林公园秋游。我怀着期待的心情和同学们一起踏上这趟秋游之旅。

　　一进入公园,老师带我们来到了游乐区,海盗船高高地耸立在那里。我和同学排着队登上了海盗船,感觉既兴奋又紧张。海盗船启动了,它慢慢地前后摇动起来,就跟荡秋千似的。刚开始我还觉得挺惬意,正当我享受这种悠闲时,海盗船摆动的幅度越来越大,我的心怦怦直跳,都到了嗓子眼。到了最高处,我使劲抓住前面的栏杆,那栏杆就像是我的救命稻草一般,因为我整个人不由自主都要飞起来离开地球表面了。伴随着同学们此起彼伏的尖叫声,我紧紧闭上眼睛不敢睁开,仿佛只要一睁眼,我就会坠落一样。没等我缓过神来,海盗船摆动的幅度越来越小,直至停下。从海盗船下来后,我的腿有点发软,脚底板像踩在棉花上,有点打飘,但是真的很刺激。

　　紧接着我们坐上小火车,马不停蹄地来到农垦博物馆。一进博物馆,一幅幅泛黄的老照片映入我的眼帘,它们向我们诉说着当年艰苦的农垦岁月。农垦人围海造田,开荒拓土,这一切让我深刻体会到了农垦精神的伟大,让我感受到现在美好生活的来之不易。

　　下午,我们去体验了磨豆浆。每组都发到了泡好的黄豆和石磨,我们四人一组分工合作:一人负责往石磨里放黄豆,一人负责往石磨里加水,一个人负责用力推石磨,另外一个人负责接豆浆。在我们四人的配合下,白白的豆浆缓缓地流淌出来,散发出浓浓的豆香味。看着自己亲手磨的豆浆,大家心里都充满了成就感。

欢乐的时光总是短暂的,我们带着满满的欢乐和收获,坐上了返回学校的大巴。这次秋游不仅玩得开心,而且学到了很多知识,这真是一次收获颇丰的旅途呀!

🏆 **点评**

陈昱谦同学的这篇作文行文脉络清晰,开头简洁明了地引出了秋游的主题,迅速将读者带入情境;中间部分详细叙述了秋游的过程,结尾也能自然地收束全文,抒发此次秋游的感受,做到了首尾呼应,结构完整且紧凑。在语言表达方面,他运用了丰富的词汇和多样的修辞手法,为文章增添了不少色彩。小作者叙事有条理,在讲述游玩过程时,从到达目的地,到参与各项游乐项目,再到最后的集合返程,层次分明,让读者能够轻松跟上他的思路。他抓住秋游活动中坐海盗船这一游乐项目进行了详细描写,尤其是海盗船摆动时小作者紧张、害怕的情绪被展现得淋漓尽致。通过对同学尖叫的侧面描写,烘托出了海盗船的惊险与刺激。美中不足的是立意深度欠缺。如果能在结尾处进一步升华主题,比如通过这次秋游,对大自然、对团队合作有了更深刻的认识等,会使文章的内涵更加丰富。

指导老师:姚　慧

探寻湛江之美

懿德校区　四(3)班　黄　悦

踏春寻梦,邂逅那份宁静与美丽。我诚挚地向你们推荐一个如诗如画的地方——广东省湛江市。

湛江市拥有优美的自然风光和丰富的旅游资源。这里有绵延的海岸线和金灿灿的沙滩,还有形态各异的礁石和清澈的海水。在这里你可以尽情地享受海滨的风景,感受大自然的魅力。

除了自然风光,还有许多旅游景点。比如金沙湾,是一个非常受欢迎的景区,这里的海滩延绵数公里,非常适合游泳和玩水。另外还有渔港公园,可以领略渔港风情,感受别样滋味。

如果你看海看腻了,还可以去著名景点湖光岩。那里有片非常著名的湖泊,是16万年前因火山喷发,地下岩浆遇到水蒸气发生爆炸而形成的火山湖。它有个美丽的名字:玛珥湖。湖水清澈如镜,湖边奇石环绕成景,构成了一幅美丽的山水画卷。

在欣赏完湛江的山光水色之后,你当然不能错过这里的美食盛宴。作为一个海滨城市,湛江的海鲜自然是一绝。特别要提及的是湛江的炭烤生蚝。生蚝置于炭火之上,缓缓烘烤,再淋上特制的蒜蓉辣椒,每一口都肥美多汁,令人回味无穷。除了海鲜,湛江的白切鸡同样享有盛名,鸡肉口感鲜嫩滑爽,让人欲罢不能。此外,湛江的麻章牛杂也是一道不可错过的特色小吃。经过浓郁汤汁的烫煮,再搭配特制酱料,每一口都充满了人间烟火气,堪称味蕾的极致享受。

湛江,一个集自然风光、人文景观与美食于一体的魅力之城,等待着每一个向往美好的你。走进湛江,感受那份远离喧嚣的宁静,品味那份来自大自然的馈赠,让心灵在这片美丽的海滨城市得到真正的放松与满足。

🏆 **点 评**

小作者满怀诚挚与热情,引领读者走进广东省湛江市这片如诗如画之地。开篇即描绘湛江的自然风光与旅游资源,字里行间洋溢着作者的热爱与赞美。通过运用"如诗如画""远离喧嚣的宁静"等优美词汇,文章表现力大增。读者仿佛置身其中,感受湛江的独特魅力。

文章结构紧凑,条理清晰。先是对湛江的自然风光和旅游资源进行了总体介绍,随后又详细描述了金沙湾、湖光岩等著名景点的独特之处,以及湛江美食的诱人之处。这种层层递进、逐步深入的写作方式,使得读者能够更加全面地了解湛江,感受到这座城市的多元魅力。

小作者巧妙运用比喻、排比等修辞手法,将自然风光、人文景观与美食文化融合,形成生动美丽的画面,给读者带来视觉与心灵的双重享受。细腻的笔触与生动的语言激发了读者对湛江的美好想象。湖光岩清澈湖水、奇石环绕的湖畔美景及湛江海鲜的鲜美滋味,皆令人心生向往。

指导老师:颜昊文

身边的美景

蓝村校区　四（2）班　顾彧粼

西斜的太阳拿出红色的画笔，给古老的玄武门城墙涂上了新的色彩，又把红色颜料撒进玄武湖里，不料颜料没撒均匀，湖面变得一半红一半绿，真是"半江瑟瑟半江红"。

夕阳又把腮红抹在了游人的脸上，每个人都看着很温暖。一阵微风拂来，湖面波光粼粼。水鸟在嬉戏，几只小船慢悠悠地在湖面上划开道道波纹，湖面泛起阵阵涟漪。鸟儿唱着欢乐的歌儿，好似在为游人划桨的声儿伴奏，一切都显得那么和谐。

太阳招呼着月亮来上班，月亮却散着步，不紧不慢走来。

夜晚，月亮擦掉了画笔印子，又捞起了红颜料和珍珠，卸去了游人脸上的腮红，一切都安静下来了。此时的玄武湖，就像一面镜子，映照出玄武门的古老与现代；又如同一本书，诉说着玄武门的故事与情怀。一阵微风飘过，仿佛手抚摸着我的脸庞，让我感到无比惬意。

玄武湖的美深深印在我的脑海中。无论身处何方，无论时光变换，我们总能与身边的美景不期而遇。

🏆 点评

《身边的美景》这篇文章以细腻的笔触描绘了日常生活中容易被忽视的自然美景。作者通过观察和体验，将那些平凡的场景转化为一幅幅生动的画面,让读者重新发现身边环境的独特魅力。文章不仅捕捉了自然景观的色彩和形态,还传达了小作者对这些美景的喜爱之情。

文章的语言朴实无华,却饱含深情,使读者仿佛能随着作者的描述走进那些场景,感受到微风拂面、鸟语花香。作者巧妙地运用比喻和拟人手法,使得文章生动有趣,增加了阅读的趣味性。同时,文章也提醒我们,在快节奏的现代生活中,不要忘记停下脚步,去欣赏和珍惜那些简单而美好的事物。

整体而言,《身边的美景》是一篇充满诗意的文章。它不仅美化了我们的视觉感受,也启发了我们对生活态度的思考。通过这篇文章,我们可以学会用心去观察和体验生活中的每一个细节,从而获得心灵上的愉悦和满足。

指导老师:周悦欣

什刹海冰上之旅

懿德校区　　三(1)班　　陆悠蓝

寒假里,爸爸妈妈带我去北京旅游,最让我印象深刻的就是在什刹海滑冰的趣事。

来到什刹海冰场,我立刻被各种滑冰工具吸引住了。除了常见的冰鞋,这里还有冰上自行车、"小海豚"和全场唯一的一条龙舟! 我兴奋地选择了冰上自行车,因为它看起来既有趣又容易操作。

一开始,我还有些紧张,担心自己会摔倒。但在爸爸妈妈的鼓励下,我渐渐掌握了平衡,开始自如地在冰面上骑行。骑着冰上自行车,我感受到了风在耳边呼啸、脚在冰面滑行的畅快。这种独特的体验让我仿佛变成了一个自由的滑冰者,尽情享受着冰上的乐趣。

接下来,我尝试了"小海豚",它的造型非常可爱,骑在上面就像在水中畅游一样。虽然"小海豚"的速度不如冰上自行车快,但它给我带来了一种轻松愉悦的感觉。

最后,我还在爸爸妈妈的带领下挑战了全场唯一的一条龙舟。龙舟比其他工具都要大,需要更多的技巧和力量来驾驭。我们一家人齐心协力,驾驭着这条独特的龙舟在冰面上滑行,引来周围一片惊叹。

整个下午,我在什刹海冰场上尽情地玩耍,笑声不断。这次滑冰的经历不仅让我体验到了冬季运动的乐趣,还让我感受到了与家人一起分享快乐的幸福。

什刹海滑冰的趣事,成为我寒假生活中最美好的回忆。每当我想起那天下午,心中总会涌起一股温暖的感觉。我相信,这段经历将永远留在我的记忆中,成为我成长的一部分。

🏆 点 评

作者通过讲述在什刹海滑冰的经历,不仅展现了冬季运动的魅力,更突出了与家人共享欢乐时光的幸福,让读者能深切感受到亲情的温暖以及生活中的美好瞬间。文章富有感染力,容易引发共鸣。

开篇点明主旨,直截了当地引出什刹海滑冰这件趣事;接着按照游玩的先后顺序,依次描述选择冰上自行车、尝试"小海豚"、挑战龙舟的过程;结尾总结升华,强调这次经历成为美好回忆以及对自身成长的意义,完整且流畅。

文章语言生动形象。如"我感受到了风在耳边呼啸、脚在冰面滑行的畅快",通过细腻的感官描写,将滑冰时的体验栩栩如生地呈现出来,让读者仿若身临其境。还有对各种滑冰工具的介绍,用词活泼,像"'小海豚'的造型非常可爱,骑在上面就像在水中畅游一样",增添了文章的趣味性。

指导老师:王晓云

苏 州 游 记

蓝村校区　二(1)班　王乐心

2024 年 5 月 2 日　星期四　晴

　　五一长假的第二天,我和爸爸妈妈去苏州太湖上的一个小岛度假。这个小岛的名字叫余山岛,是个半原生态、没有怎么开发过的小岛。

　　上岛后,我们先去环岛徒步。那里的路都是用石块铺成的,不太好走,两边长满了郁郁葱葱的绿色植物。首先我们看到了一棵千年古树,这棵千年古榉王长得又高又大,它枝繁叶茂,树根处有一个可以容纳一个小朋友的大洞。再往前走,我们看见很多老奶奶在采摘茶叶,一棵棵低矮的茶树上冒着嫩绿色的芽。她们说这个茶叶名字叫碧螺春。我也忍不住好奇,走上前去采了一片,新鲜的茶叶在我的手掌心里看着特别嫩绿。接着,我们看见很多岛上的村民种的枇杷树,一颗颗还没有成熟的绿色枇杷挂在枝头上。在小路的两边,我们还发现了一棵枯木上长着一簇白木耳。我们边走边欣赏着太湖上的风光,妈妈用芦苇叶给我做了一艘小船。我把它放进了湖里,看着它漂走了,也把我美好的愿望带走……

　　下午,我们住进一栋靠湖的民宿里,站在窗边就能看见整个太湖的风景,蓝天白云、青山绿水。趴在码头的栏杆上,看着太阳照在湖面上波光粼粼的,我开心地笑着……

　　明天爸爸妈妈打算带我去苏州市里参观苏州博物馆,里面有很多和苏州有关的文物,在那里可以了解苏州的历史。我好期待!

　　小作者写的文章思路清晰,结构完整。在描写游苏州的过程中,详略得当,把自己印象最深的余山岛的植物,根据它的特点描写得栩栩如生。由浅入深,一层层递进,使文章主题鲜明深刻。如果能有一些人物的语言、神态描写,那么文章会更加生动。

　　　　　　　　　　　　　　　　指导老师：朱慧娟

游 狮 子 林

懿德校区　四(5)班　殷泽煦

在寒假里,我们一家来到了苏州游玩,狮子林给我留下了深刻的印象。这座古老的园林,既典雅又有趣,是古人智慧的结晶。

刚踏入狮子林,我便被庭院里火红的小灯笼和祝福卡片所吸引。它们随风摆动,仿佛小孩在荡秋千,热闹非凡。往前走,地面上的"寿"字和五只蝙蝠围绕成"五福捧寿",展现出苏州园林独特的纹样特征。

走过"五福捧寿",我们来到了古人的会客厅——燕誉堂。跨过高高的门槛,映入眼帘的是长长的桌子,上面摆着花瓶。一问才知道,长长的桌子叫作条案。条案和瓶子摆在一起,寓意着平平安安。这种雅致的布置,让人仿佛置身于古代文人书房之中。

我从假山迷宫中选了一个洞口进入。光从石壁的缝隙透进来,照在地上,照亮了我前方的道路。继续向前走,到达了笔陡的石级前。我手扶两旁的石壁,小心翼翼地向上爬。眼前的景色越发迷人,让人仿佛置身于仙境之中。

随后,我们来到了假山的第二层。眼前出现了一座狭窄的石桥,没有扶手,让我感到有些害怕。然而,身后已是人山人海,我只能鼓起勇气继续前行。我小心翼翼地踏上石桥,俯视下方。人群涌动,让我心生恐惧:若是一不小心滑倒,岂不是会掉在他们身上?终于,我成功地跨过了石桥,心中的担忧也随之消散。接着我们继续前行。

抵达假山的第三层后，眼前景色尽收眼底。湖心亭矗立在湖中，周围翠竹环绕，仿佛为湖心亭勾勒出一道绿色的屏风。假山迷宫的美景让我感叹不已，古人的智慧竟然能创造出如此有趣的场所。

狮子林的魅力无穷，期待你的光临，细细品味其中的趣味和雅致。

⭐ 点 评

小作者描述了游览狮子林的经历，生动形象地展现了景点的美丽和特色。这篇文章整体上较好地完成了写景的任务，抓住了狮子林的特征，多角度描写了景物，并通过细腻的描写表达了对景物的喜爱之情。细节描写丰富，让读者仿佛身临其境，很有感染力。例如"抵达假山的第三层后，眼前景色尽收眼底，湖心亭矗立在湖中，周围翠竹环绕，仿佛为湖心亭勾勒出一道绿色的屏风"，这句话通过细致描写湖心亭和周围翠竹的景象，成功营造出一种宁静、美丽的氛围，让读者仿佛置身其中，感受到狮子林的独特魅力。文章在描写景物时非常细腻，例如"庭院里火红的小灯笼和祝福卡片随风摆动，仿佛小孩在荡秋千，热闹非凡"这一段，生动形象地展现了景物的动态美感。

指导老师：郑楚楚

人 间 仙 境

——西湖

蓝村校区　四(3)班　宦嘉悦

　　"欲把西湖比西子,淡妆浓抹总相宜。"西湖,那如诗如画的人间仙境,好似一颗漂亮的明珠,闪耀在江南大地。

　　西湖的水,清澈透明。微风拂过,泛起层层波纹,美极了。在阳光的照耀下,湖面上闪烁着金色的光芒,光彩夺目。近处的山倒映在了湖面上,构成了一幅美不胜收的天然画卷。坐着小船在湖面上缓缓前进,仿佛置身于一个梦幻般的世界。湖边的垂柳是优雅的舞者,轻风吹过,细细长长的垂柳摇晃起来,仿佛是大自然赋予西湖的一幅绿色窗帘。

　　不同季节,西湖的景色也不同。

　　春季,气候宜人,温暖而湿润。这是一年中西湖边最热闹的时候,人们在这里踏青、赏花、放风筝,整个西湖充满了欢声笑语,洋溢着欢快的气氛。

　　夏季,西湖被一片葱绿覆盖,荷叶仿佛绿伞般密密麻麻地铺展着。"接天莲叶无穷碧,映日荷花别样红。"荷花也从荷叶中间探出了脑袋,有白的、红的和粉的……

　　秋季,树上的叶子都变成了黄的和红的,秋风吹过,叶子旋转着飘落在湖面上,绘成一幅色彩浓郁的油画。

　　冬季的西湖也别有风味。如果下雪了,西湖就会呈现出"断桥残雪"的美景。湖面上也结成了一层薄冰，让人感觉到一种简洁的美。

西湖是一个很美的地方，很值得推荐给大家。你们一定要去哦！

🏆 点 评

　　小作者调动感官去观察西湖之美，描述了西湖在不同季节的景色变化。本文语言优美灵动，开篇引用诗句，将西湖比作西子，生动地展现其如诗如画的美丽之处。对水、山、垂柳等景色的描绘细致入微，"泛起层层波纹""闪烁着金色的光芒"等语句，让文章极具画面感。"优雅的舞者""绿色窗帘"等拟人、比喻手法的运用，更赋予了自然景色以活力与美感。在内容结构上，条理清晰，先总写西湖之美，接着分别从四季不同角度展现西湖的独特之处，精准捕捉到各季节西湖的典型特征，春季的热闹、夏季的葱郁、秋季的斑斓、冬季的简洁，皆跃然纸上。情感表达真挚，字里行间洋溢着对西湖的喜爱与赞美之情，极具感染力，能唤起读者对西湖的向往。

指导老师：倪　源

推荐一个好地方

——哥打京那巴鲁

蓝村校区 四(1)班 陈亦桥

今年暑假,爸爸妈妈带着我去了马来西亚沙巴州的首府哥打京那巴鲁。我很推荐大家去玩!

一踏进哥打京那巴鲁的土地,首先映入眼帘的就是那蔚蓝无垠的大海和郁郁葱葱的山脉。东端的克罗克山脉则如同一道绿色的屏障,守护着这片土地。

哥打京那巴鲁不仅自然风光迷人,其城市规则也独具特色。这座城市背山面海,呈窄长条状,以填海造陆的方式不断扩散。市内林荫道纵横交错,沿街都是四五层的楼房,既保留了传统建筑的韵味,又融入了现代都市的繁华。城市的力卡斯湾是计划中的现代化城市的中心所在,高耸的银色圆柱形高楼——沙巴基金会总部大厦,成为这座城市的标志性建筑。

在哥打京那巴鲁,游客们可以尽情享受美食与购物的乐趣。这里的海鲜市场琳琅满目,各种新鲜可口的海鲜应有尽有,而且价格实惠,让人大饱口福。特产和手工艺品也多种多样,让人目不暇接。

当然,来到哥打京那巴鲁旅游怎能不体验一番当地热门的旅游项目呢?乘快艇前往沙比岛游泳或浮潜,也是许多游客的首选。那里的海水清澈见底,珊瑚礁五彩斑斓,各种热带鱼群穿梭其间,让人仿佛置身于一个梦幻的海底世界。此外,傍晚时分,坐在海边静静地看日落,也是一种别样的体验!

哥打京那巴鲁是一座充满魅力的城市,它以其独特的自然风光与发达的经济实力,成为东南亚地区的一颗璀璨明珠。无论是游客还是当地居民,都能在这座城市找到属于自己的那份宁静与美好。

听了我的推荐,你们是不是已经心动了呢?有机会一定要去那儿看看哟!

🏆 点 评

小作者的这篇游记以饱满的情感和细腻的描述,为我们生动呈现了哥打京那巴鲁的自然风光和城市魅力,让人不禁心生向往。

文章开头,小作者便以引人入胜的方式,将读者带入哥打京那巴鲁的美丽画卷中。他描绘了蔚蓝无垠的大海、郁郁葱葱的山脉,以及克罗克山脉的壮观景象。

接着,他又从城市布局、建筑风格、美食购物等多个方面,全面展现了哥打京那巴鲁的独特魅力。特别是他对沙比岛海底世界的描绘,更是让人仿佛置身于一个五彩斑斓的海底世界,感受到大自然的神奇与美妙。

最后,小作者的呼吁也非常自然且富有感染力,让人不禁想要立刻收拾行囊,前往哥打京那巴鲁一探究竟。

指导老师:余诗佳

暑假烟台游

蓝村校区 二(3)班 张嘉禾

烟台是爸爸的老家，这里是个海滨城市。站在海边，我看到了美丽的大海，蓝蓝的，一望无际……海风追赶着海浪，海鸥在天上翱翔，我不由哼起了歌曲……

金黄色的沙滩上有各种各样的贝壳，叔叔阿姨领着小朋友去游泳，远处有很大很大的船。我在沙滩上挖着沙子，和其他小朋友一起用沙子堆起小城堡，玩得不亦乐乎。

看完大海，爸爸又领我去西炮台。路上，他给我讲了太爷爷太奶奶年轻时作为军医，跟着战士们跨过鸭绿江抗美援朝的故事；也告诉我烟台以前是抗击倭寇的前沿，抗倭英雄戚继光就是用这一门门的大炮抗击着倭寇的进攻，保护了我们的家园。看着眼前战功赫赫的大炮，我让爸爸给我拍了一张照片，缅怀抗倭英雄戚继光的同时，也铭记先烈们的流血牺牲。感谢他们为我们创下的眼前这美好的一切。

🏆 点 评

这篇作文简直就像一把神奇的魔法钥匙，"咔嚓"一下，打开了烟台那有趣的奇幻大门，把当地好玩的风土人情和丰富的人文历史，像变魔术一样完美融合在一起。

在描绘烟台海边美景时,小作者的文字瞬间化作神奇画笔,勾勒出一幅令人陶醉的画卷。大海"蓝蓝的,一望无际",这般质朴的形容,恰恰契合孩子纯真的视角,原汁原味地传递出初见大海时内心的震撼。海风"追赶"海浪,拟人手法用得妙趣横生,赋予自然元素以生命活力。

其次,历史与现实的交织独具匠心。海滨欢乐之余,引入祖辈抗美援朝、戚继光抗倭的故事,毫无突兀之感。祖辈故事不仅丰富了文章内涵,更似一条情感纽带,传承先辈精神,让读者感受到岁月沉淀下的家国情怀,为文章注入灵魂,彰显小作者对素材驾驭的成熟度。

指导老师:余圣逸

二十年后的家乡

蓝村校区　　五(4)班　　许婉悠

这次假期我回到家乡探亲,被二十年以后的家乡震惊了。市中心的楼房在树的掩映下高耸入云,空中轨道绕着城市,列车如闪电般飞过……我不禁感叹:这还是我的家乡吗?

未来家乡的街道干干净净,街道边那一个个看起来像机器人的智能垃圾桶格外引人注目。这些垃圾桶有两只长长的手、一个智能显示屏和四个轻便的轮子。每个垃圾桶也不像过去那样,需要清洁工人清理。这里的垃圾桶都是智能的,它们面前的显示屏能自动识别周围的垃圾,并可自动进行垃圾分类处理。除了智能垃圾桶,还有可以吸收并净化汽车尾气的环保路灯和全智能的控温系统,后者可以调控一些地区过冷或过热的温度。

现在的家乡有了空中轨道,是为了解决交通拥堵问题,它让汽车可以在地面和空中切换行驶。这么一来,陆地上的汽车数量大大减少,实现了汽车的分流。在日常生活中也有了多功能衣服,它可以让你在任何场所、任何地方,选择自己想要的服饰。还有我们住的所有房子,都安装上太阳能板,它可以吸收阳光,转化成为我们日常需要的能源。

未来家乡的工作量大大减少。智能机器人已经完全替代了我们人类的劳动工作,而人们都在家里进行远程办公,开启了全息虚拟的会议模式,这给人们带来了很多便利。

假期快结束了,我不得不离开家乡。我恋恋不舍地看了这美丽又科技感十足的家乡,在心中默默祝愿它越来越好。

🏆 点 评

这篇想象作文犹如一扇通往未来的神奇之门,引领着我们踏入了一个充满无限可能的奇妙世界。在作者的奇思妙想中,有能自动垃圾分类的智能垃圾桶,不仅减轻了清洁工人的负担,更让城市环境焕然一新;有全智能的控温系统,能根据天气变化自动调节温度,让人们在四季更迭中享受始终如一的舒适。更令人惊叹的是,作者构想出了实现道路分流的空中轨道,有效缓解了地面交通压力,让出行变得更加便捷高效。而无限制的多功能衣服,更是将科技与时尚完美融合,满足了人们对服装的所有需求与想象。

这些充满新鲜感和高科技感的元素,共同构建了一个二十年后便捷无比的家乡,让人心生向往,满怀期待。

指导老师:朱 琳

二十年后的家乡

懿德校区　五(1)班　应梓骏

"露从今夜白,月是故乡明。"2044年的中秋节临近,我在遥远的火星上工作,思乡的愁绪越来越浓。于是我乘离子推进器回到了阔别二十年的故乡。

天哪!这还是我的家乡吗?我呼吸着家乡新鲜的空气,过去的水泥大马路早已消失得无影无踪,展现在眼前的是平坦宽敞、铺满草坪的绿色马路。奇怪,路上怎么一辆车都没有?原来人们已经不再依靠地面,人人都拥有无人超音速飞行器,只要喊一声"超音速飞行器",飞行器就会立刻出现。如果你觉得一个人出行太孤独,可以乘坐磁悬浮公交车,公交车是无人驾驶的。只要说出目的地,就会以最快的速度到达。

我坐上一辆可爱的猫型公交车,云游空中,俯瞰家乡的大地。人们的房子形态各异:有大树形状的,有小狗形状的,有书本形状的,甚至还有不倒翁形状的……真是千奇百怪!这些房子都由纳米材料制成,能抵御各种级别的恶劣天气,而且还能自由移动。

走进家中,机器人正在忙碌。美味的饭菜、可爱的宠物、茂盛的绿植都是由机器人操办和照料的。我躺在沙发上,享受现代科技带来的便利与美好,慢慢地进入梦乡。

"丁零零……"闹铃打破了寂静。原来是场梦啊!我回到了现实,但二十年后家乡的情形仍在我脑中久久没有褪去。二十年后,一株小树苗终将长成参天大树，一名稚童也将成长为奉献祖国的栋梁之材。那二十年后的家乡会变成什么样呢？我想，答案就在今天，就在当下，就在我们。

🏆 **点 评**

应梓骏同学的《二十年后的家乡》一文，以丰富的想象力和细腻的笔触，为我们描绘了一幅未来家乡的美好画卷。文章开头即引入古诗，情感深沉，引发读者共鸣。接着，作者巧妙地将自己设定在火星工作的背景中，思乡之情溢于言表，为读者营造了一种强烈的情感氛围。

在描述家乡变化时，作者运用了生动的语言和细致的描写，将宽阔的绿色马路、无人超音速飞行器、磁悬浮公交车等未来元素巧妙融入，展现了家乡日新月异的科技发展。同时，形态各异的建筑和由纳米材料制成的房子等细节描写，也为文章增添了更多的色彩和趣味性。

结尾部分，作者通过梦境的破碎回到现实，但心中的美好愿景依然挥之不去。这不仅深化了文章的主题，也引发了读者对未来家乡的美好期待。整体来看，这是一篇充满想象力和情感的作品，值得一读。

指导老师：周以竹

二十年后的家乡

——上海

蓝村校区　五(4)班　苏莉亚

我终于回到我魂牵梦绕的故乡了。我乘坐着一个极速缆车，只用了5分钟就从加拿大到了上海，我震惊了：这是一个新的时代，太神奇了！

我在街上看见了像大龙虾一样的小汽车，还遇到了我的老同学朱思恬，她可是我在小学时最好的同学呢！她现在长得亭亭玉立，开着一辆小汽车，招呼我上车，送我回家，顺便好好看看现在的上海。这辆新款太阳能汽车，它有着尖溜溜的脑袋，长长的、圆圆的身子，向上翘的大尾巴，浑身透明，在阳光下亮晶晶的，可好看了。我走近"大龙虾"，说了声"开门"，那透明的门就自动打开了。"快上来！"她拉着我的手，把我拉进了"大龙虾"。然后，她按下了一个红色按钮，咦，从"大龙虾"的胸部忽然向两边伸出了两只透明翅膀，看上去活像蜻蜓的翅膀，"唰"的一下，飞了起来。我目瞪口呆地看着它一点点升高，飞向我家。她还向我介绍说，这种太阳能汽车统称"五用车"。因为它能在空中飞翔，可以在地上行驶，能伸出腿爬山，也可以像快艇或潜水艇一样，在水面或水底航行。而且现在家家户户都有这种"五用车"了。

朱思恬现在是一家游戏公司的经理。她带我参观她的公司，向我介绍了他们公司的最新游戏《疯狂童话》和《童话神域》，我一听这名字，忽然想到了小时候和她在喜马拉雅上听的奇喵君创作的一系列故事：《猫七夜》《龙不器》《鼠克之疯狂童话》等。我迫不及待地想

233

要体验,戴上全脸面罩,一声"开始",我便进入了游戏之中。我刚跑没几步,起跳跃过障碍,落地时却崴到了脚。她连忙跑过来,扶我起来说:"你的脚都红肿了,要不我们先去医院吧,顺便看看如今的医院!"我忍着疼痛答应了。我们来到医院,先处理了红肿部位。然后,她给我介绍道:看,这里是干细胞实验室,现在已经发明出干细胞修复技术,能治疗好百分之九十五以上的绝症。剩下的百分之五也不用太担心,我们能将病人放进速冻舱中,等将来能治疗好这种病时再进行医治。我再一次惊讶了,这一天的经历太不可思议了!

虽然这些现在还只是我的幻想,但我十分向往二十年后的家乡,相信一些幻想一定会成真!

🏆 点 评

这篇想象作文以丰富的想象力和生动的细节描绘,带领读者踏上了一场穿越时空的奇妙之旅。作者通过描绘极速电缆、"五用车"等高科技产物,以及干细胞修复技术等医疗奇迹,展现了一个既便捷又充满希望的未来世界,令人心生向往。

在叙述过程中,作者巧妙地将个人情感融入其中,无论是对故乡的魂牵梦绕,还是与老同学重逢的喜悦,都让人感受到了浓浓的人情味。同时,文章语言流畅,情节紧凑,使读者在阅读过程中仿佛亲身经历了一次对未来世界的探索。虽然目前这些还只是作者的幻想,但正是这些幻想,激发了我们对未来生活的无限憧憬和追求。相信在不久的将来,随着科技的不断发展,一些幻想终将成为现实,让我们的生活更加美好。

指导老师:朱　琳

可爱的啄木鸟

懿德校区　　三(2)班　　罗申申

在山的那边,有一片茂密的森林,树木郁郁葱葱,有很多小动物住在那里。可不知道从什么时候开始,这片森林里出现了很多害虫,很多树都受到了侵蚀,树木越来越少。就在这片森林快消失不见的时候,来了一只害虫的克星——啄木鸟。

这只啄木鸟非常勤劳,它一到这片森林就开始了它的工作。它认真地为大树爷爷检查身体。它先用它那又尖又长的嘴巴敲了敲树干,听听里面的声音。接着,它把耳朵贴在树干上,仔细地听着里面的动静。很快,啄木鸟就找到了大树爷爷生病的原因,原来是一群可恶的蛀虫在大树爷爷的身体里捣乱。

啄木鸟毫不犹豫地开始为大树爷爷治病。它用它那锋利的嘴巴,一下一下地啄着树干,把那些蛀虫一个一个地捉出来。大树爷爷疼得直发抖,但是它知道啄木鸟是在帮它,所以强忍着疼痛。

经过一番努力,啄木鸟终于把大树爷爷身体里的蛀虫都捉干净了。大树爷爷感激地说:"谢谢你,啄木鸟医生。如果没有你,我可能就活不了了。"啄木鸟笑着说:"不用谢,大树爷爷。这是我应该做的。您好好休息,很快就会好起来的。"

从那以后,啄木鸟更加努力地在森林里巡逻,为每一棵生病的大树治病。森林里的大树们都很感激啄木鸟,它们也更加努力地生长,为森林里的小动物们提供美丽、舒适的家园。

点 评

　　这篇作文宛如一幅绚丽多彩的童话画卷,生动且精彩。从内容方面来看,作者构建了一个完整且富有想象力的故事。开篇对森林的描写,"茂密""郁郁葱葱"等词生动地勾勒出森林的生机勃勃,紧接着害虫的出现制造了紧张氛围,而啄木鸟的到来则带来了希望。情节跌宕起伏,引人入胜。对啄木鸟治病过程的描述细致入微,从检查到捉虫,展现了作者的细心观察。

　　在修辞手法上,"大树爷爷疼得直发抖"运用拟人手法,赋予大树人类的情感和状态,不仅让大树的形象更加鲜活,还让读者深刻感受到啄木鸟救治的重要性。

　　整体而言,语言简洁质朴,贴近生活,充满童趣,符合三年级学生的表达水平。作文通过啄木鸟的故事,传递出奉献与感恩的美好品德,具有积极的教育意义。无论是情节的连贯性,还是主题的传达,都完成得十分出色,是一篇值得称赞的佳作。相信作者在今后的写作中,能继续发挥想象力,写出更精彩的作品!

指导老师:陈圆媛

努 力 的 快 乐

蓝村校区　三(4)班　王祺欢

一群大雁正在湖边整装待发,准备飞向温暖的南方。其中,有一只小雁特别引人注目,那就是大雁宝宝。

大雁宝宝对飞翔有着强烈的渴望。每当看到父母和其他大雁展翅飞翔,它都会羡慕地望着,心中充满了向往。然而,它的翅膀还不够强壮,每次尝试飞翔时,都会摔得很疼。它的翅膀上伤痕累累,但它并没有放弃。

在父母的鼓励和指导下,大雁宝宝开始努力练习。它学习如何正确地扇动翅膀,如何保持平衡,如何在空中滑翔。每次摔倒,父母都会给予它鼓励和支持。它也逐渐学会了从失败中汲取经验,不断尝试,不断进步。经过无数次的尝试和努力,大雁宝宝终于成功地飞翔起来了。

学会飞翔后,大雁宝宝与父母一起加入了大雁群,开始了南飞的旅程。在飞行中,宝宝感受到了前所未有的自由和快乐。它欣赏旅途中的美景,感受着风的轻抚,心中充满了喜悦和满足。

回到家乡,大雁宝宝回首这段旅程,深深地感悟到:只要有决心和毅力,没有什么是做不到的。它的成功经历告诉我们,快乐往往来自努力的过程,而不仅仅是结果。

在寒冷的冬天,大雁宝宝的故事给我们带来了温暖和力量。它告诉我们,只要勇敢面对困难,坚持不懈,就一定能够收获属于自己的快乐和成功。

点 评

  这篇作文以大雁宝宝学飞的故事为载体,传递了积极向上的精神力量,是一篇富有感染力的佳作。开篇便以生动的场景描绘,将读者带入了大雁即将南飞的氛围中。对大雁宝宝的特别关注,巧妙地引出了故事的主角,为后续情节展开做了很好的铺垫。

  在叙述大雁宝宝学飞的过程时,细节描写十分到位。它对飞翔的渴望、初试飞翔时的挫折以及在父母鼓励下坚持不懈的努力,都被细腻地刻画出来,让读者能真切地感受到大雁宝宝内心的挣扎与成长,仿佛能看见它一次次跌倒又爬起的倔强身影,这种对过程的生动展现,使得故事极具代入感,也让读者深刻体会到成功的来之不易。

  结尾处的感悟升华恰到好处,不仅点明了主题,更将大雁宝宝的故事与读者的生活实际相联系。让读者在感动之余,能从中汲取到面对困难的勇气,使文章的立意得到了进一步的拓展与深化,余味悠长,令人回味无穷。

指导老师:谢嘉敏

三兄弟盖房子

懿德校区　二(2)班　刘俞馨

从前有一个很美丽的村子叫"懿德村",村子里住着三兄弟,大哥叫阿勇,二哥叫阿志,小弟叫阿平。虽然从小家境贫寒,但是他们三兄弟之间的感情非常好。

随着时间一天一天地过去,三兄弟住的房子越来越破旧,一天刮起了台风,居然把屋顶都掀翻了。三兄弟想着这可怎么办呢? 于是他们下定决心重新盖一座属于自己的房子。

盖房子没有设计图怎么行呢? 于是阿勇充当起了设计师,他思考房子的结构和布局,并制作了设计图。有了设计图之后,阿志开始收集建房子的材料,他每天早出晚归,到山里收集木材,到河边收集石材,到市集购买水泥、砖块。阿平负责最后的施工工作,他心灵手巧,用精湛的技艺盖了既坚实又美观的房子。

三兄弟通过共同努力,终于盖出了属于他们自己的房子,他们的心里是多么喜悦与自豪呀!

这个故事告诉我们,团结就是力量。只有团结一心,共同努力,才能克服一切困难,实现自己的目标和梦想。

🏆 **点　评**

小朋友基于自己的生活和阅读体会创造出了这个小故事,强调了团结协作的力量。在面对困难时，三兄弟没有选择放弃或独自承担，而是各司其职，共同为一个目标努力。故事中，三兄弟各有所长，阿勇擅长设计，阿志勤劳能吃苦，阿平手艺精湛。他们根据自己的能力和特长进行了合理的分工，这体现了"人尽其才，物尽其用"的智慧。同时，也告诉我们每个人都有自己的价值和作用，只要找到适合自己的位置并发挥出来，就能为团队作出贡献。整体而言，这个故事结构紧凑、情感真挚，富有感染力和教育意义。它不仅让读者感受到了三兄弟之间的深厚情谊，还激发了人们面对困难时的积极态度和勇气。希望学生们能够从中汲取力量，学会珍惜身边的亲情和友情，勇敢追求自己的梦想。

指导老师：朱思敏

四　季

懿德校区　二(3)班　王梓妍

春天,桃花姑娘露出了温柔的笑容。小草妹妹探出了小小的脑袋。

夏天,荷叶上青蛙"呱呱呱"地叫着,好像在说:"我有一个绿色的舞台。"

秋天,麦穗黄了,像直不起腰的老公公。银杏叶妹妹换上了金黄色的裙子。

冬天,冬青长出了红色的果实,一颗一颗的,可漂亮了。雪花飘落下来,与冬青姐姐相聚在这美好的冬天。

🏆 点　评

这篇习作以生动的语言和形象的比喻,描绘了春夏秋冬四个季节的美丽景象,充满了童真与趣味。春天里桃花姑娘的笑容和小草妹妹的探头,夏天里青蛙在荷叶上的鸣叫,秋天里金黄的麦穗和银杏叶,冬天里红色的冬青果实和飘落的雪花,都展现了大自然的奇妙变化。这些细腻的描写,展现了小作者对四季变化的敏锐观察力和丰富的想象力。通过这些充满童趣的语言,小作者将自然界的奇妙变化描绘得栩栩如生,仿佛每一处景色都跃然纸上。习作传递出对自然美景的热爱和赞美,同时也让读者感受到四季轮回的独特魅力,读来让人心生愉悦。

指导老师：韩　娟

草丛里的小星星

蓝村校区　三(2)班　周子琋

安静的夏夜,星星在天空中闪烁,发出耀眼的光芒。

一天,一颗调皮的小星星在弯弯的月亮上滑滑梯时,不小心从月亮上滑了下来,掉在了草丛里。即便如此,它也并不害怕。因为它知道,一旦云朵看到了它发出的光芒,就会下来接它,到时它便可以乘着云朵回到天空。只可惜现在草丛遮住了它的光芒。

忽然,一个小男孩看到了草丛中有一个闪闪发光的东西。他走近一看,发现是一个星星形状的东西。他以为这只是一个玩具,便把小星星装进了一个袋子里,再打了个结,小星星就这样被困在了袋子里。小男孩走了很久,星星在袋子里快要喘不过气了。等小男孩打开袋子一看,小星星已经不再发光了,他便没了兴致,扔下袋子走了。小星星用尽最后一丝力气,挣脱袋子,逃了出来。但此时的它,已经筋疲力尽,再也发不出光了。

就这样,小星星在草丛里静静地躺了很久,每天夜里它都仰望着星空,它好想回到夜空,去找它的好伙伴。这天,一个小女孩来到草地上玩耍,她忽然发现草丛中有一个星形的东西。"哇,真好看呀!可是你怎么孤零零地躺在这儿呢?我带你回家吧!"说罢,小女孩轻轻地抱起小星星回到了家。

小女孩把星星稳稳地放在她的书桌上,每天都把它擦得干干净净,还经常和它说话,小星星感到十分温暖。不知不觉,它又发出了耀眼的光芒。小女孩惊讶地说:"原来你是一颗真的星星呀！你怎么掉下来了呢？我送你回家吧！"

小女孩赶紧带着小星星来到那片草地,把它高举过头顶。这时,云朵看到了星星发出的光芒,便落了下来。小女孩小心翼翼地将小星星放上去,挥手道别,云朵便将小星星送回了月亮妈妈的怀抱。

🏆 点 评

这是一篇温馨感人的童话故事,充满了奇思妙想与温暖情感。文章以调皮的小星星为主角,生动描绘了它从月亮滑落到草丛,再回到星空的历险过程,情节富有层次,故事引人入胜。

文章语言优美,充满童趣。比如"小星星在弯弯的月亮上滑滑梯""草丛遮住了它的光芒"等描写,既形象又充满画面感,让人仿佛置身于静谧的夏夜,感受到小星星的勇敢与坚韧。通过小星星遇到小男孩和小女孩的不同经历,文章巧妙地传达了善意与关爱的力量:小女孩的关怀帮助小星星重拾光芒,展现了真诚与温暖的价值。

此外,文章结尾云朵接回小星星的场景极具童话色彩,给人以美好的遐想。故事结构完整,情节发展自然,既有起伏又有温馨的结局。

指导老师：余诗佳

活 字 之 夜

蓝村校区　三(1)班　俞玉成

在古老的活字印刷厂里,活字们白天辛勤地工作,夜晚则会在月光的洗礼下悄悄醒来。今晚,它们决定举办一场特殊的比赛,看看谁是最厉害的活字。

"我!"一个"大"字高高跃起,"我代表着力量和重量,没有我,句子就失去了分量。"

"不对!"一个"小"字反驳道,"我能体现出细微和温柔,我的存在让故事更加细腻。"

"我才是最厉害的!"一个"快"字急切地说,"我代表着速度和效率,是时代的象征。"

就在它们争论不休时,一个年长的"和"字站了出来。它微笑着说:"你们都很重要,但你们知道吗?只有我们团结一致,才能组成完整的句子,传递出深刻的意义。所以,最厉害的,是我们所有人。"

活字们听了,纷纷点头表示赞同。它们手牵手,在月光下跳起了欢快的舞蹈,庆祝这个美好的夜晚。

🏆 点 评

小作者的《活字之夜》是一篇充满创意和哲理的童话故事,将古老的活字赋予生命,赋予它们各自独特的性格和功能。文章通过拟人的手法,让活字们在夜晚展开一场别开生面的比赛,既有趣又发人深思。

文章语言生动活泼,巧妙地将"大""小""快""和"等字的特性与它们的争论结合在一起,让读者在轻松阅读中感受到语言文字的魅力。例如"大"字的力量与分量、"小"字的细腻与温柔、"快"字的速度与效率,都描绘得惟妙惟肖。而年长的"和"字的发言,则将故事推向高潮,点明了团结与合作的主题。

文章结构紧凑,情节发展自然,充满童趣的同时也蕴含深刻的教育意义。通过活字们的对话与和解,小作者传递了"团结一致,共同成就"的理念。

指导老师:余诗佳

未 来 科 技

——万能飞机

蓝村校区　　四(4)班　管振宇

在未来的 2050 年,第二十届未来科技大赛开始了。我既兴奋又紧张。"不要太紧张,就算失败也无妨。"智能眼镜安慰我,"加油,主人一定能成功!"我笑了笑:"放心,我一定可以成功。"随着主持人说"接下来有请管先生上台",我大步走上了台。

"我介绍的是万能飞机!"我拿出一架小飞机。"这么小,有什么用?""是啊是啊,该不会功能很少吧。"台下传来阵阵窃窃私语。我轻轻一笑,吹了口气,小飞机一下子起飞,瞬间变成一架大飞机,从听众头顶掠过,又降落在准备好的场地上。它体型巨大,一身洁白,在太阳的照耀下闪闪发光。"管先生,飞机是如何做到这么干净的?"智能眼镜替我回答:"飞机尾部的小孔能解答。"说完,飞机上立刻被泼了一大盆脏水,在大家疑惑不解时,飞机尾部顿时喷出一阵白气,不到一分钟,白气徐徐上升,飞机又像刚出展时一样干净了。"而且,这些白气能把温室气体带入太空,减少温室效应。"

又有人问:"管先生,天线是用来干什么的?"智能眼镜投影出 3D屏幕,显示飞机在空中飞行,突然投下传单,人们看见传单后,立刻紧急撤离。十分钟后,地震来临。"将来它可以预测世界各地的灾难。"我信心满满地说。"遇到蝗灾怎么办?""我的飞机会喷洒一种农药,可以保护环境,肥沃土地,也可促进青蛙生长,让害虫遭受灭顶之灾。

应对蜗牛这种硬壳虫，可以使壳软化，与肉融为一体。对付蝗灾更有效，可以让蝗虫翅膀消失，口器变钝，让青蛙和椋鸟随意捕食。"

"最后，我希望我的发明能为人们带来方便！"台下掌声顿时如雷鸣般经久不息。

🏆 点 评

这篇科幻短文以 2050 年的未来科技大赛为背景，生动地展现了一位发明家的创意与激情。作者通过描述"万能飞机"的神奇功能，如自动清洁、温室气体处理、灾难预测及环保杀虫等，构建了一个既实用又充满想象力的未来世界。文中对话生动，智能眼镜作为辅助角色的设定，增添了趣味性与未来感。在介绍飞机功能时，作者运用具体场景与细节描写，使得各项技术显得既可信又令人向往。结尾处，作者表达了对发明创造的深切期望，传递出积极向上的价值观。

整篇文章结构紧凑，语言流畅，展现了作者丰富的想象力与良好的叙事能力，是一篇充满创意与正能量的科幻佳作。

指导老师：朱　琳

海 的 王 国

蓝村校区　四(2)班　倪　斌

我是一个资质平平的守卫,负责保护海王宫的安全。在海王宫门前我耳闻目睹了许多事,比如每天早上八点,李大妈和王大爷会在菜场门口等着开门,抢新鲜的菜……这些我早已司空见惯。

海底的世界可美了!清晨太阳从东边升起,犹如一个发光的电灯泡照亮冰冷的海洋。不时能看到几条小鱼从水中游过,如同一粒粒米粒,它们从嘴里吐出泡泡好似一个个透明的小气珠。在上班的路上,时常能看到头顶上有一艘艘游轮开过,在水面上激起层层浪花,可美丽了。

到达上班的地方,那是一座繁华的城堡,里面有着美丽的花草树木,它们是那样轻盈,犹如一位位舞者在水里舞蹈。中午到了,火辣辣的太阳照射着海面,海里暖洋洋的。水母在水里转来转去,可悠闲了,不时摆动着面条似的触须,警告掠食者们不要过来,它们在水中转转悠悠的样子好像肥皂泡,飘过来,飘过去。黄昏渐渐到来,太阳慢慢沉落于水面,不见踪影。

夜晚的海洋是寂静的,是黑暗的,像是一块黑色的幕布。大多数鱼儿回家做起了美梦,可我还要加班。夜晚海洋是危险的,危机四伏,更何况只有我站在王宫门口,周围连个人都没有,可阴森了。万一我被鲨鱼吃掉了怎么办?万一我被鲸鱼一尾巴拍死了怎么办?万一……各种担忧涌上心头,这时我好似一只孤立无援的小蚂蚁,恐惧在心里不断蔓延。夜晚还可以看到海胆在水里不停翻滚,着急寻找自己的家,还有海星女士在水里睡觉。

终于,时间到了。我三步并作两步快跑到了家,心里的大石头也落了下来。结束了一天守卫工作的我躺在珊瑚床上,仍在思考怎样才能在夜间安全回家,想着想着,便昏昏沉沉进入了梦乡……

🏆 点 评

《海的王国》这篇作文以其丰富的想象力和生动的描绘,将读者带入了一个神秘而美丽的海底世界。作者以"海王宫守卫"的视角出发进行了创编,巧妙地构建了一个海洋王国,每一个细节都显得栩栩如生。

文章的语言富有童趣,通过细腻的描写,让读者仿佛置身于五彩斑斓的珊瑚礁之间,感受海浪的轻拂和鱼群的游弋。作者在叙述中多处运用比喻、拟人的修辞手法,对海底世界的景象进行了生动形象的描写。

此外,文章中的人物形象鲜明,作者细腻地描写了人物的心理变化。语言生动诙谐,充满了童真和幻想,让人感受到作者奇妙的想象力。

总体而言,《海的王国》是一篇构思巧妙、内容丰富、语言优美的佳作,是一篇值得推荐的优秀想象作文。

指导老师:周悦欣

双羊尊奇遇记

懿德校区　四(5)班　王嘉懿

今天是正月十四，也是我从大英博物馆回来的第九天。我的脑海中还时时浮现当时的场景。虽然在大英博物馆我看见了来自世界各地的奇珍异宝，但我最喜欢的必须是我国商周时代的青铜器——青铜双羊尊。

正月十五的早晨，我又如同前几日一样，趴在书桌上欣赏着我带回来的纪念品——青铜双羊尊的挂件。我静静地端详着它华丽、典雅的花纹及逼真、生动的外貌，再次被它深深地吸引了。突然，我听到窃窃私语的声音："面前这个小孩儿是谁？"

我吓了一跳："谁在说话？"

两只小山羊发现我能听到声音，连忙说："主人好，我们是大英博物馆青铜双羊尊的子孙，谢谢你把我们带回家。之前听爷爷讲了许多中国的传统历史文化，今天正好是元宵节，主人带我们一起体验一下吧！"它们一边说着，一边幻化出烟雾般透明的身体。我缓过神，又震惊又欣喜。心里想着：今天爸妈都不在家，我就和它们结伴去外面过元宵节吧。我便连连点头答应了。

元宵节最有意思的便是元宵灯会了。我领着两只小羊到的时候，会场已经烟火气十足，鞭炮声更是不绝于耳。琳琅满目的花灯，让人眼花缭乱。小山羊看到如此景象兴奋极了。它们这儿瞅瞅，那儿看看，有时哈哈大笑，有时窃窃私语，有时睁大双眼……太可爱了！

我一边带着它们游览花灯，一边介绍元宵灯会的起源可以追溯到西汉时期，当时汉武帝在甘泉宫祭祀"太一"神，这是一种通宵达旦点燃盛大灯火的活动，这种习俗后来演变成了元宵节观灯的传统。看着它们高兴又钦佩的眼神，我心里美滋滋的。逛了逛灯会，感觉饿了，是时候带着两只小可爱去吃元宵节的必备美食——汤圆。根据我这个"小吃货"的了解，我们找到了一家知名汤圆店，门口已经排成了一条长龙。

在等待的时候，我又和小羊们说起为什么吃汤圆。元宵节吃汤圆的寓意就是汤圆和"团圆"字音相近，取团圆之意，象征全家人团团圆圆、和睦幸福。古人在正月十五闹元宵时，用糯米材料制作汤圆，包圆容易下锅，不会散开。在一家团聚时，吃上一碗热气腾腾的汤圆，简直就是暖到了心里。说着说着，便到我们了。汤圆上桌后，两只小羊目不转睛地盯着汤圆。它们把嘴巴凑上去，撕咬着汤圆的外衣，咬了半天才有一个小洞，黑芝麻糊一下就流出来了。可爱的小羊们不知道是怎么了，立马逃到边上，等我处理好黑芝麻糊才跑上前继续吃。看到这场景，你们一定不会责怪它们，反而会被它们逗得捧腹大笑。

时间过得真快，我们一边猜着灯谜，一边踏上了回家的路。

第二天早上，我睁开蒙蒙眬眬的双眼，发现两只小羊不见了，只留下了一封信："谢谢主人，你让我们了解了元宵节的传统活动，非常有趣。下一个中国传统节日我们再见面哦，别忘记我们了。"我又看向那个挂件，那两只青铜羊好像在微笑，我也笑了起来。

🏆 点 评

这篇作文以"双羊尊奇遇记"为题，围绕青铜双羊尊展开了一段奇幻的经历。开头通过回忆大英博物馆的经历，点明了中心，引出了下文："虽然在大英博物馆我看见了来自世界各地的奇珍异宝，但我最喜欢的必须是我国商周时代的青铜器——青铜双羊尊。"整体结构完整，层次清晰，叙述有逻辑，且运用了拟人等修辞手法，语言较为流畅。例如，"小山羊看到如此的景象兴奋极了，它们这儿瞅瞅，那儿看看，有时哈哈大笑，有时窃窃私语，有时睁大双眼……太可爱了！"这句话通过细致的细节描写，生动地刻画了两只小山羊在元宵灯会上的表现，包括它们的动作、表情和反应，极大地增强了场景的真实感和趣味性，让读者仿佛身临其境，感受到它们的可爱和兴奋。这是一个轻松愉快的故事，情节简单而有趣。结尾部分有适当的总结和升华，是一篇佳作！

指导老师：郑楚楚

我的奇思妙想

——"海洋保护者"

蓝村校区　四(3)班　林子嫣

　　现在，占地球大部分面积的海洋正面临着日益严重的污染，垃圾成堆，污水乱排。为了拯救海洋，我想设计一种大型海洋机器，名为"海洋保护者"。

　　"海洋保护者"宛如一只闪闪发亮的飞碟。全身由极其坚固的碳纳米管材料制作而成，表面光滑，方便在海洋中日行千里，还能快速地上下移动。它的头顶上有多根像吸管一样的海水进水管，长着数条能够伸缩自如的机械手臂。它有强大的电脑识别系统，能实行高度自动化操作，由工作人员在陆地上的实验室里进行实时监控。

　　"海洋保护者"有三个主要功能：一是用它多条宛如章鱼触手般的机械手臂快速、灵活地收集海洋表面和海底的垃圾，并放进机器里用蓝色激光扫三秒钟，这些垃圾就会消失；二是打开机器顶部的进水管，在大量吸进海水时，由机器内部的过滤芯进行重金属和放射物过滤处理，并通过底部的出水管排出纯净的海水，在吸水和排水的同时会产生动力，非常环保，而且装置有又细又密的纳米过滤网，避免把海洋生物吸进去；三是能主动识别出有无海洋生物被困（比如被塑料袋、渔网等垃圾缠绕，或者被水草、海带等植物围困），如有，就会从机器里派出小机器人进行解救，还可以清除寄生在海龟和鲸鱼等背上的藤壶。要是出现海洋生物有异样，但机器无法判断的情况，"海洋保护者"就会发出异常讯号，由地面上的工作人员根据摄像头画面进行处理。

在不远的将来，我们将投放数以万计的"海洋保护者"净化海洋，从此海洋将不再被污染，地球母亲绽开了美丽的笑颜！

🏆 点 评

这篇习作展现了作者对海洋环境保护的深切关注与创意构想。文章通过详细介绍"海洋保护者"这一大型海洋机器的设计理念、构造特点与功能作用，生动描绘了一个高科技、高效能的海洋清洁卫士形象。作者运用丰富的想象力和科学的思维方式，将碳纳米管材料、自动化操作、蓝色激光消解垃圾、过滤芯净化海水等前沿科技融入设计之中，使得"海洋保护者"既具有强大的清洁能力，又保证了操作的便捷与安全。此外，文章条理清晰，逻辑严密，语言生动，能够很好地吸引读者的注意力。通过对"海洋保护者"三个主要功能的详细描述，作者不仅展现了其全面而细致的设计思路，也表达了对海洋环境保护的坚定信念与美好愿景。这是一篇充满创意的佳作，展现了作者对环境保护的责任感与使命感，值得一读。

指导老师：凌　洁

我和哈利·波特过一天

懿德校区　四（3）班　缪相伊

那个周末，天空阴沉沉的，雨滴轻敲着窗棂。我因雨而留在家中，沉浸于《哈利·波特与魔法石》的世界。这已是我第七次翻开这本神奇的书籍，每次阅读都仿佛置身于那个充满魔法的世界。

正当我看得津津有味时，突然身体一紧，仿佛被无形之手按住，动弹不得。眼前的文字开始舞动，犹如精灵般跳跃，它们重新排列组合，形成了一道璀璨的拱门。我惊愕地睁大眼睛，只见拱门缓缓开启，一股强大的吸力拽住了我。瞬间，我便被卷入了一个黑暗的空间。

当光明再次降临，我发现自己正躺在一片翠绿的草丛中。头晕目眩间，我抬头望去，只见一个熟悉的身影站在我面前——正是哈利·波特！他身后矗立着雄伟的霍格沃茨城堡，一切都显得如此真实而不可思议。我惊愕得说不出话来，脑海中各种思绪翻涌。这时，哈利开口了："你好，我是哈利。是校长让我带你来的。你是我们本月的幸运读者，今天可以体验魔法世界的生活。"我激动得几乎要哭出来，颤颤巍巍地站起身，紧紧跟着哈利走进了这座我梦寐以求的魔法学校。

我们穿过了长长的走廊，来到了雕刻精美的石门下。一个和多比长得一模一样的家养小精灵向我鞠躬，并递上一根魔杖。哈利告诉我，这是我的专属魔杖。我欣喜若狂，紧紧地握住它，仿佛握住了通往魔法世界的钥匙。

早餐时间,我们来到了宴会大厅。同学们穿着斗篷,三三两两地坐着聊天、看报纸。哈利带我坐在一张空桌旁,面前是琳琅满目的精美点心。我犹豫了片刻,便开始享受这场魔法世界的盛宴。随后,我们体验了天文课、草药学、占卜课和魔药课。在魔药课上,我亲眼见证了那些奇奇怪怪的药材如何变成晶莹剔透的幸运水。教授微笑着将它赠予我,我小心翼翼地将其放入内袋,心中充满了喜悦与敬畏。

下午,哈利说要带我去体验魁地奇比赛。我们骑上飞天扫帚,在空中翱翔,那种刺激与快感远胜过过山车。我兴奋地尖叫着,尽情享受着这份难得的体验。突然,一只金色的飞贼出现在我面前,我本能地伸出手抓住了它。然而,就在我抓住飞贼的瞬间,一切再次陷入黑暗。

当我重见光明时,发现自己已坐在书桌前。书页上的文字恢复了原样,那道神奇的拱门也已消失无踪。我抚摸着内袋里的幸运水,心中涌起一股难以言喻的感慨。虽然这段经历如梦似幻,但我知道,它已深深烙印在我的心中,成为我永远珍藏的回忆。

🏆 **点　评**

本文在内容和情感的表达上细腻且富有感染力。小作者通过丰富的想象,构建了一段从现实世界到魔法世界的奇妙旅程,让读者身临其境,感受到了小作者对哈利·波特的深厚情感与无限热爱。在叙述过程中,作者情感流露自然,使读者能够与之产生共鸣。

文章语言流畅,用词精准且富有画面感,如"雨滴轻敲着窗棂""璀璨的拱门"等描述,营造出浓郁的氛围。文章结构清晰,从阅读书籍引发奇遇到魔法世界的体验,再到回归现实,情节连贯,层次分明。

小作者拥有非凡的想象力,将读者带入了一个充满魔法与奇幻的世界,与哈利·波特共度一天的设定新颖独特,令人印象深刻。这一创意不仅满足了读者对于魔法世界的无限遐想,更激发了其对于未知世界的探索欲望。

指导老师:颜昊文

春节奇遇记

蓝村校区　四(1)班　王禹尊

腊月三十,阿禹和家人等待着新年的到来。在一片烟火中,阿禹发现自己出现在一片漆黑的丛林中,手中不知何时出现了几个爆竹。虽然满心疑惑,但阿禹明白自己不能在这里多待了。于是阿禹开始前进,没一会儿就发现不远处有一个村庄。他见村中一片漆黑,便敲响了一户人家的门。很快,有脚步声传来,而门也打开了一条缝,一个老人向四周看了几眼便迅速将阿禹拉入房中。

"老人家,为什么你们这个村子这么黑啊?"没等老人开口,阿禹就率先提出了疑问。

老人见阿禹什么都不知道,便为他解释起来:"今天是腊月三十,每365天都会有一只叫'年'的怪物在这一天出来吃人啊,我们这么做都是为了躲避'年'的袭击。"

阿禹听着老人的话,脑海里想起奶奶给自己讲过的故事。故事里说过,"年"害怕闪光和巨大的雷声,他想起了自己手里的爆竹可以做到这些,便自告奋勇地跟老人说自己可以赶走"年"。

可老人却觉得阿禹不过是个小孩子,只是在说笑罢了。

阿禹见老人一副不相信的样子,便出门等待"年"的出现。

没一会儿,就发现一只巨大的怪兽向村子走来。

阿禹鼓起勇气,将手中的爆竹向"年"扔去。只听"啪"的一声,爆竹发出了强烈的闪光和震耳欲聋的响声,将"年"吓走了。

而阿禹也随着那爆竹发出的光回到了家人身旁。

家人仿佛什么都没发生一样依旧看着烟花，而阿禹也没有说什么，只是将手中的爆竹握得更紧了一些。

🏆 点评

"年"的故事我们从小到大已经听过很多版本，但这次小作者却用童话的写作手法，向我们讲述了一个崭新的故事。真是太有创意了！全篇故事情节紧凑：文章从阿禹在腊月三十的夜晚意外进入一片漆黑丛林开始，迅速引出了主要冲突——村庄面临"年"兽的威胁。随后，阿禹通过勇气和智慧，利用爆竹吓走了"年"。故事线条清晰，节奏明快。而且文章中角色塑造简洁明了：阿禹作为主角，他的勇敢和智慧通过简短的对话和行动得以体现。老人的出现，则为故事增添了更多背景信息，同时反衬出阿禹的主动和决心。此外，主题突出：故事通过阿禹的冒险经历，传达了勇气、智慧和传统文化的重要性。

指导老师：洪佳玫

故事杂货店

蓝村校区　四(1)班　严梓瑶

在一个茂密的大森林中,生活着许多小动物。前段时间,森林里新开了一家杂货店,引得小动物们纷纷去探个究竟。

小鸭子一摇一摆地走进了杂货店。熊猫老板热情地迎了出来:"嗨!这里是故事杂货店。我这里有《夸父追日》《盘古开天地》《女娲补天》等中国神话故事。一个故事一个森林币,你要买哪个故事?"小鸭子听得目瞪口呆:"中国有那么多神话故事?!我要买……《夸父追日》。"小鸭子边说边掏出一个森林币,拿走了"夸父追日"锦囊。小鸭子飞速跑回家,如饥似渴地读着故事。

这一读不要紧,小鸭子瞬间被故事里生动的情节吸引了。它隔三岔五就要去故事杂货店买故事,并把各种各样神奇的故事讲给其他小动物们听。一传十,十传百,过了没多久,小动物们都知道森林里有个故事杂货店,专卖有趣的中国神话故事。这下,故事杂货店的生意越来越好,就连外国的美洲狮、雪豹也来买故事了。熊猫老板每个月都要新进一批故事,忙得不可开交。

十年过去了,当年那些小动物们都长大了。他们再次翻出故事锦囊,细细品味中华神话故事时,悟出了不一样的道理。他们不再是当年只看故事的小动物了,故事中的一字一句都透露出了中华文化的魅力所在。当年看了《女娲补天》的小兔子,明白了做事情要坚持,只有坚持不懈才能成功。现在,她下定决心做一件事情就会坚持到底,不再半途而废。小鸭子当年看了许多神话故事,现在正努力成为一名作家,为大家创造出更多故事。

小动物们看着故事长大,被故事里的人物影响,从故事中学会道理。这些神话故事,为我们展示了中华文化的魅力!

🏆 点 评

这篇文章写得非常有意思。小作者用童话的写作手法表现出中华传统文学的魅力,让人读后印象深刻,久久不能忘怀!整篇文章语句通顺、用词恰当,写得真好!整篇故事围绕"故事杂货店"展开,通过小动物们购买和分享中国神话故事,不仅展现了中华文化的丰富多彩,还寓意了文化传承与个人成长的重要性。此外,文章中的角色设定生动、富有想象力,如小鸭子、熊猫老板、小兔子等,都是孩子们熟悉的动物形象,易于引起共鸣。熊猫老板作为故事杂货店的店主,其热情、忙碌的形象也反映了文化传播者的辛勤与付出。值得表扬的是:故事情节紧凑,从小鸭子第一次走进故事杂货店开始,逐步展开,通过小动物们的传播,故事杂货店的生意越来越好,最终影响到更多的小动物甚至外国动物。这一连串的情节发展自然流畅,引人入胜。

指导老师:洪佳玫

鳄鱼与长颈鹿

懿德校区　三(4)班　吴阅谦

　　一片广阔无垠的非洲草原上,住着一头高大的长颈鹿和一条凶猛的鳄鱼。它们身边没有其他同伴,所以经常结伴吃饭、玩耍、聊天。

　　有一天早晨,天空晴朗,万里无云。鳄鱼心情愉悦,它想:今天天气这么好,要么去捕条鱼,犒劳下自己吧!只见鳄鱼先观察了一会儿,然后偷偷地潜到水里面,瞄准了一条大鱼并慢慢靠近。突然大鱼一下子蹿出水面,一瞬间水花四溅,鳄鱼狠狠地咬住了鱼的尾巴,并用尽自己的洪荒之力,把猎物拖到岸边。正当它得意洋洋地想美餐一顿时,突然发现这是一条乌黑的鱼,而且看起来并不新鲜。它想:这条鱼看起来一点儿也不好吃,要么去送给长颈鹿吃吧!

　　于是,鳄鱼找到了长颈鹿,便问:"长颈鹿,你好!我今天历尽千辛万苦捕到了一条大鱼,你想不想尝一尝?"

　　"我不喜欢吃鱼,我只喜欢树叶。谢谢你的好意!"长颈鹿拒绝道。

　　鳄鱼不死心地说:"嘿!伙伴儿,你就尝尝吧。这鱼可是人间美味,你不吃可是会后悔的哦!"

　　长颈鹿犹豫了一会儿,说:"那好吧!看你这么热情,我就吃了吧。"说完,它就一口把鱼吞了下去。

　　到了下午,长颈鹿突然觉得肚子好痛,它连忙拨打120紧急呼叫河马医生。河马医生开着救护车火速赶往长颈鹿的家,一进门就看见长颈鹿脸色苍白,急得像热锅上的蚂蚁——团团转。河马医生好奇地问:"长颈鹿,你这是怎么了?"

长颈鹿忍着疼痛回答道:"我肚子好疼,好像是吃坏东西了。"

河马医生说:"那我帮你做个检查吧,看看是什么原因。"只见它把手放到长颈鹿的肚子上,仔细查看它的病情,然后拿出一瓶药水让长颈鹿喝掉,没过几分钟,长颈鹿肚子就舒服多了。

长颈鹿感激地说:"谢谢你!河马医生,你帮我治好了病。"

河马医生说:"不客气!但是,你今天到底吃了什么东西呢?"

"我今天只吃了鳄鱼送给我的一条黑鱼……"长颈鹿说。

河马医生听完后惊讶地说:"你怎么可以吃鱼?你是吃树叶的呀!"

"可是……那是鳄鱼的一番好意啊!"长颈鹿委屈地说。

"那我们去找鳄鱼评评理吧!"河马医生说。

"是又怎么样?那可是一条大鱼,只不过有点不新鲜而已。"鳄鱼不屑地反击道。

河马医生对鳄鱼说:"己所不欲,勿施于人。把你不喜欢的东西强加给别人,这是不文明的行为。长颈鹿是不能吃鱼的,而且那还是一条坏了的鱼,它因此吃坏了肚子,你应该跟长颈鹿道歉!"

鳄鱼愧疚地说:"我知道错了。对不起!长颈鹿,我以后再也不会把食物随便给你或别人吃了。"

长颈鹿最终也原谅了它。从此,它俩成了草原上最好的朋友。

★ 点 评

小作者创编的故事富有童心、充满想象力,让人眼前一亮。故事巧妙地设定了鳄鱼与长颈鹿这一对看似不可能成为朋友的动物作为主角,通过一系列生动有趣的情节,展现了友谊的力量和跨越种族界限的温情。

　　作者以细腻的笔触描绘了鳄鱼与长颈鹿从陌生到熟悉,再到成为知己的过程。情节紧凑,情感真挚,让人不禁为这对特殊朋友的深厚情谊所感动。故事的最后,还阐明了"己所不欲,勿施于人"的道理。故事中巧妙地融入了关于理解、尊重与包容的深刻寓意,引导读者思考人与人之间的关系,以及如何以开放的心态去接纳不同的个体。

　　语言生动有趣,角色形象鲜明,使得整个故事既富有教育意义,又不失童趣,非常适合儿童阅读。希望学生能够继续发挥丰富的想象力,创作出更多富有创意和深度的童话作品,用文字为孩子们的心灵播撒爱与智慧的种子。

指导老师:徐石颖

小燕子找妈妈

蓝村校区　三(3)班　陈聿砚

从前，有一只笨笨的小燕子，它到了秋天还不会飞行。它的妈妈飞往南方过冬了，要春天才回来。小燕子急得哇哇大哭。其他的小动物见了，纷纷过来帮忙。

小熊灵光一闪，提议道："小燕子，我有办法。把你绑在椅子上，在椅子底下装上中国的四大发明之一——火药，到时候一点火，你就可以飞上天空找妈妈了！"小兔子听了，叫道："这办法真好！你再在手上拿两个风筝，就可以飞得更高了！风筝可是中国的传统文化呀！"大家赶忙按照小熊和小兔的办法去准备。

终于，准备就绪。小燕子被结结实实地绑在椅子上，手里拿着两只大风筝，椅子下塞满了火药。小熊站在高台上，向大家发布命令："三、二、一，点火！发射！"随着"砰"的一声，小燕子满脸黑粉，好像刚从煤炭堆里跑出来似的，在空中飞起老高，随后又"咚"的一声摔在了地上。椅子也不知了去向，只留下了一堆黑粉。还好小燕子没受伤。

大家一见，全都没了主意，只有小羊说道："看来飞是不行了，只能走了。我们如果跟着指南针向南走，也许能找到小燕子的妈妈。"大家觉得有理，便按照小羊的办法跟着指南针走。可是，大家走啊走啊，实在有点不耐烦了。有的说小燕子的妈妈飞得太远了，根本走不过去；有的说像这样走下去，必须走到天荒地老才行。森林里一片嘈杂……

就在这时,小猪跑上前来说道:"我是小猪(诸)……葛。大家别急,我们把小燕子绑在诸葛连弩上,对着南边发射,不就行了?"大家马上按照小猪的办法,把小燕子射了出去。小燕子开心地喊道:"耶,我要找到妈妈了!"可是刚飞了几公里,就突然从天空中掉了下来。它一下子慌了,呜呜地哭:"我还没找到妈妈呢,怎么就掉下来了!现在又没人帮我了,我难道再也找不到妈妈了吗?"小燕子扇了扇翅膀,眼看就要掉在地上摔死了,它用尽全身的力气,在生死一线之间,奋力一扇,竟一下子腾空而起了!它赶紧趁着风势,又拍起了翅膀,这次没有掉下去,而是飞得又高又远。就这样,小燕子一直向南,飞到了妈妈身边。

妈妈看见小燕子,开心地说:"哇,我的小宝宝会飞了!"小燕子扑进妈妈的怀里,幸福地拥抱着妈妈。

🏆 点 评

本文充满了童趣和想象力,展现了小作者丰富的内心世界和创作才华。故事以一只笨笨的小燕子为线索,通过一系列小动物们帮忙的情节,展现了大家热心和友爱的特点,同时也体现了小燕子在困难面前不放弃的精神,最终成功飞到妈妈身边,情节富有波折和趣味性。小作者运用生动的语言描绘了小燕子和小动物们的鲜明形象,如"小燕子满脸黑粉,好像刚从煤炭堆里跑出来似的",使读者能够清晰地想象出画面。小动物们的对话也符合各自的特点,增添了故事的生动性。这篇作文主题深刻,寓意深远,刻画了小燕子寻找妈妈的艰难历程,展现了小燕子不屈不挠的精神和对妈妈的思念。

指导老师:倪　源

小蚂蚁找大海

懿德校区　二(4)班　顾玄子

　　从前有一只活泼可爱的小蚂蚁,它听大雁说大海美极了,便下定决心去寻找大海。

　　小蚂蚁出发了。它爬过高山,穿过树林,历经千辛万苦。终于有一天,它看到了一片蓝色的水域。小蚂蚁乐开了花,以为找到了真正的大海。大声欢呼着:"大海,大海!"此时一只路过的小鸟飞了过来说:"这不是大海,这只是一片湖泊。"小蚂蚁听后有点失落,但还是重新鼓足士气找大海。没过多久,天空下起了大雨,雨水汇聚成河,水越积越多,小蚂蚁也被水流冲走了。它害怕极了,好在它及时抱住并爬上了一片树叶,以它为船,顺流而下。不知过了几日,它来到了一片比刚才大无数倍的蓝色水域,原来湖泊、河流和大海是相通的,小蚂蚁终于抵达了真正的大海。那一刻,它欢呼雀跃,感叹道:"大海果然像大雁说的那样,无边无际、波澜壮阔,实在美极了!"

　　小蚂蚁想:一切的努力都没有白费,只要朝着目标不懈地努力,总能见到大海,看到花开!

🏆 点 评

　　这个故事以小蚂蚁寻找大海的冒险经历为主线,通过生动的情节和细腻的情感描写,传达了小蚂蚁坚持不懈、勇往直前的精神。小蚂蚁的形象非常生动可爱,它的勇气和决心给读者留下了深刻的印象。小鸟的出现也为故事增添了趣味性和互动性,使情节更加丰富多彩。故事的语言简洁明了,易于理解,非常适合儿童阅读。同时,作者运用了一些形象生动的比喻和拟人手法,使得故事更加生动有趣。故事还传递了一个积极向上的信息:只要我们心怀梦想,勇于付出努力,就一定能够实现自己的目标。它不仅让读者感受到了小蚂蚁的勇气和毅力,还激发了人们面对困难时的积极态度和勇气。希望学生们能够从中汲取力量,学会珍惜身边的亲情和友情,勇敢追求自己的梦想。

指导老师:朱思敏

助人为乐的树木们

懿德校区 三(4)班 王曦晨

黄昏时分,黑压压的乌云积聚在天边……忙碌了一天的啄木鸟拖着疲惫的身体,飞向家的方向。

天色越来越暗,啄木鸟不由得加快了速度。不幸的是,它被老鹰盯上了。啄木鸟一惊,只好用力地挥动翅膀,一会儿盘旋低飞,一会儿提速前行,一会儿迂回绕圈……可是,怎么都甩不掉老鹰。

慌乱中,啄木鸟掉进了灌木丛。老鹰怎么也找不到啄木鸟,只好飞走了。

啄木鸟曾经给这里的很多树治过病,大家都很感激。所以,大家纷纷伸出了援助之手。矮灌木伸出手臂,做出了一个密不透风的顶盖;柳树把沾满河水的柳枝伸向啄木鸟,让它解渴;柿子树捧来了自己结下的甜甜的柿子,饥饿的啄木鸟迫不及待地吃了起来;枫树送来了片片叶子给啄木鸟做床。

吃饱喝足后,啄木鸟很快便进入了甜蜜的梦乡。

夜深了,一切都安静了下来,只有灌木丛旁边的小河还在哗哗哗地流淌,讲述着一个个充满爱的故事……

🏆 **点 评**

在小作者的笔下,万物有了生命,植物们帮助了啄木鸟,抒写了一个充满爱的故事。小作者借助丰富的想象，编写了一个合情合理的故事，植物们利用自己的长处来帮助啄木鸟，回报啄木鸟。啄木鸟、老鹰、矮灌木、柳树、柿子树、枫树，每个角色都个性鲜明。文章通过拟人化的手法，让故事充满趣味性，给人一种温馨而又奇幻的感觉。运用动作描写和拟人的修辞手法，让文章有了丰富的细节，语言也更加优美。小作者用上了"盘旋低飞""提速前行""迂回绕圈"这样的词语，可见平时生活中很善于积累好词。作文的开头部分，运用环境描写揭示文章的主题。接着把起因、经过和结果都写得非常清楚，结构清晰完整。首尾对于环境的描写，锦上添花，总结了全文，升华了情感。

指导老师：王　雁

第八部分

心情日记

XIN QING RI JI

桂　花

懿德校区　二(5)班　孙佳佳

2024 年 10 月 15 日　星期二　晴

今天,我和妈妈出门散步,刚走到楼下,一股浓浓的香气扑鼻而来,沁人心脾。

妈妈说,秋天到了,小区里的桂花都开花了。我赶紧跑到树下细看,只见一片片椭圆形的叶子上,金黄色的桂花像点点繁星,闪烁着秋天的光芒。它们都有四片花瓣,紧紧相依在一起。我凑近一闻,香气更加浓郁了,还带着一丝清甜的味道呢!

妈妈说,桂花不仅味道好闻,还可以做桂花糕、桂花酒、桂花茶等等。

我好爱这浑身是宝的桂花!

🏆 点　评

文章结构清晰,先是描述了场景和感受,然后是对桂花的详细描述,最后是妈妈对桂花用途的介绍。在第一自然段中,小作者通过"浓浓的香气扑鼻而来,沁人心脾"等语句,生动地写出了桂花香气的浓郁,让读者仿佛身临其境。对桂花外形"像点点繁星,闪烁着秋天的光芒""四片花瓣,紧紧相依"的描写,细致且富有想象力,展现了桂花的美丽。结尾处"我好爱这浑身是宝的桂花"直接表达了对桂花的喜爱之情,情感自然流露,真挚动人。这是一篇充满童真和对自然喜爱之情的日记,展现了小作者敏锐的观察力和细腻的情感。

指导老师：姚嗣思

蝌蚪观察日记

蓝村校区　四(2)班　蔡彧立

9月1日　星期日　晴

今天,妈妈带我去逛花鸟市场。那摇头摆尾的小蝌蚪真是惹人喜爱,我们便买了一些准备带回家养。

回到家,我便迫不及待地为小蝌蚪们打造属于它们的家。我精心挑选了自己心爱的盲盒展示架作为它们的"成长乐园",往里灌入三分之二的水后,摘下一片绿叶放在水面作为装饰。这样,一个简单却温馨的"成长乐园"就完成啦!

我小心翼翼地把小蝌蚪们放进"成长乐园"里。它们一入水,便欢快地游了起来,似乎对我打造的家很满意呢!我凑近了看,这些小蝌蚪形似一根根黑色的棒棒糖,真有趣!我忍不住用手去触碰它们——哇,滑溜溜的。它们灵活地在我的指尖穿梭,真希望它们快快长大!

9月7日　星期六　晴

一个星期过去了,我惊喜地发现小蝌蚪们已经长出了短短的后足,看着挺滑稽的。尾巴原先是又长又细的,现在变得短短的,我凑近了闻闻,还有一股鱼腥味。再仔细看它们的腿,从脚部开始分叉出三个脚趾,如同一棵大树分叉出几根树枝,有趣极了!

9月14日　星期六　晴

转眼,养小蝌蚪已经两个星期了。小蝌蚪们已经长出了细细的前腿,身体的颜色从深褐色变成了深绿色。它们的肚子也变得圆鼓鼓的了,看起来饱胀得马上要破裂似的。再凑近些,我发现它们后背上还出现了浅浅的斑纹呢!

9月28日　星期六　晴

时间过得可真快,小蝌蚪们已经有了青蛙的雏形。我小心地捧起它们,放在掌心仔细瞧——它们的眼睛瞪得大大的,嘴巴下方还鼓起一个不断跳动的大包,仿佛在跟我做鬼脸,太有趣了!

这个月的养"娃"时光真是令人难忘。处处留心皆学问,只要仔细观察,就会发现生活中有趣的地方。

☆ 点评

这是一篇生动有趣的观察记录,展现了小作者细腻的观察力和对自然的热爱。文章不仅记录了小蝌蚪的外形变化,还融入了作者的情感体验,内容丰富且有条理。

文章通过具体的描述将蝌蚪的成长过程形象地展现出来。例如,蝌蚪刚入水时被形容为"黑色的棒棒糖",让人耳目一新;观察到它们"后足短短""尾巴变短""腿分叉像树枝"时,则用生动的比喻和细节描写增加了趣味性。尤其是对蝌蚪外形变化的细致刻画,如颜色变化、背部斑纹等,充分体现了小作者敏锐的观察力。

此外,文章语言活泼生动,充满童趣,能让读者感受到作者对小蝌蚪的喜爱和陪伴它们成长的喜悦。结尾总结道"处处留心皆学问",不仅点明了观察的意义,还升华了主题,使文章更具深度。

指导老师:余诗佳

难忘的秋游

懿德校区　四（2）班　朱皓瑜

2024 年 11 月 11 日　星期一　晴

天蒙蒙亮，我就兴奋不已地起了个大早，终于等到期盼已久的秋游啦！

一到校门口，映入眼帘的是排着一字长队的大巴队伍。我们乘上新能源电动大巴，在车上安静地打了个盹，感觉也就一眨眼的工夫，就到达了目的地——光明·海湾国家森林公园。

在绿树环抱、鸟语花香的森林公园里，陈列着许多有趣的儿童游乐设施。我和同学们一个个兴高采烈地排着队，玩起了碰碰车、小火车、海盗船……最让我印象深刻的还属学习怎么做豆浆。将一粒粒豆子磨成豆浆盛到碗里时，扑鼻的香味让我记忆犹新。还有，正午的阳光野餐也让我无法忘怀。我们在绿油油的草坪上铺好野餐垫，各式各样的美食堆放在一起，我们互相分享着各自喜欢的食物，嘴里甜蜜蜜的，心里也美滋滋的。

这次秋游让我和同学们增进了友谊，也更加了解了各自的喜好。不过最辛苦的还是我们的班主任，在学校里要教我们知识，在校外还要带领我们并保证安全。陪我们玩了一天的老师，也像个孩子一样天真烂漫。我们全班师生都乐呵呵地度过了今年的"双十一"，真是一次难忘的秋游啊！

🏆 点 评

秋游日记写得非常生动有趣,字里行间充满了对大自然的热爱和好奇。小作者巧妙地运用细节描写,对秋游过程中的所见所闻进行了细致入微的记录,不仅展现了小作者的观察力,也体现了其一定的感悟力和表达能力。日记开头点明了时间、天气和心情,接着详细描述了秋游的经过,包括乘车、游玩项目、制作豆浆和野餐等环节,最后总结了秋游的收获和感受。结构完整,条理清晰。作者通过"天蒙蒙亮,我就兴奋不已地起了个大早""扑鼻的香味让我记忆犹新"等细节描写,生动地展现了秋游前的期待和游玩过程中的愉悦感受。日记围绕秋游展开,突出了秋游给作者带来的快乐和成长,主题鲜明。

指导老师:陈晓芸

日 记 一 则

蓝村校区　三(2)班　刘玥琪

10月19日　星期六　阴

清晨，一起床我就闻到了一股甜香。我往窗外望去，原来是楼下的桂花开了。那浓浓的桂花香在小区里飘荡，仿佛是大自然母亲给人们送来了秋天的祝福。

中午，我拉着爸爸妈妈下楼看那高大的桂花树，只见那金黄的花瓣里包着黄色的花蕊。突然，飞来一只蝴蝶，它飞到我面前时顿了一下，接着停在了像床一样的花瓣上。它也许只是路过，但我觉得这蝴蝶应该也是被桂花的香味和美丽的外貌所吸引了吧。

晚上，我躺在床上，回想着中午看到的美景。忽然一阵风吹过，窗外响起了"哗哗"的声音。我知道是那棵桂花树发出的。那些声音是许多小精灵在花瓣上跳舞，拍动着他们的翅膀所发出的梦幻而美妙的旋律，而我也伴随着这美妙的旋律进入了梦乡……

点评

小作者以清新细腻的笔触，描绘了清晨、中午、晚上三个时段中桂花的景象与引发的情感，充满了浓郁的诗意。小作者通过敏锐的嗅觉和视觉，捕捉到清晨桂花初绽时甜香的气味与金黄的色彩，以及中午蝴蝶被桂花吸引的生动场景，展现出细致入微的观察力。文中流露出作者对桂花、对自然美景的深深喜爱，以及对生活中美好瞬间的珍惜。这种真挚的情感，使得文字更加动人。在"晚上"部分，作者通过风声引发关于桂花的联想，创造出小精灵在花瓣上跳舞的梦幻场景，展现了丰富的想象力和创造力。文字优美，用词精准，句式多变，读起来流畅自然，给人以美的享受。

指导老师：苏逸洁

我的环保之旅

蓝村校区　一(3)班　郑桓宇

2024 年 11 月 9 日　星期六　晴

今天,我参加了塘桥公园举办的环保微旅行活动,真是收获满满。

活动开始,我拿起垃圾袋,沿着公园的小路一路捡拾垃圾,一边感受着大自然的清新空气。接着,我在共享单车上挂上了环保宣传卡,希望传递环保的理念,让更多的人能够加入保护环境的行列中来。最后,我还亲手制作了环保创意手工包,既实用又环保。

这次活动不仅让我收获了快乐,更让我深刻认识到了保护环境的重要性。

🏆 **点　评**

文章开篇简洁明了,直接揭示了参加塘桥公园环保微旅行活动的主题以及作者满满的收获,使读者一目了然。整段叙述条理清晰,宛如一条丝线串联起活动的始末。从最初的垃圾捡拾,到后来的宣传卡悬挂,再到最后的环保手工包制作,每个环节都叙述得清楚明白。

作者以第一人称的亲历视角,将读者带入活动现场,通过"拿起垃圾袋,沿着公园的小路一路捡拾垃圾"等细腻动作描写,生动展现了作者的参与热情与环保意识。同时,"在共享单车上挂上了环保宣传卡"与"亲手制作了环保创意手工包"等细节,不仅彰显了活动的丰富性与趣味性,也进一步凸显了环保理念。文章结尾处,作者更是深情呼吁保护环境,使读者在阅读之余,深受触动,留下深刻印象。

指导老师:吴　师

小乌龟观察日记

蓝村校区　四(1)班　杨骏灏

9月5日　星期五　晴

今天,我们家来了一位可爱的新成员——小乌龟。它刚到家的时候十分胆小,一看见人就吓得躲到一边,把脑袋缩进壳中,不敢再伸出来。这样子就像小绵羊看到了可怕的大灰狼,吓得瑟瑟发抖。我想伸手去摸摸它,让它不要害怕,但是妈妈对我说:"它来到新的环境,还不熟悉。别去打扰它啦,给它一个适应的过程吧!"听了妈妈的话,我便不再执着于跟它打招呼了,但我真希望能赶快跟它做好朋友!

9月6日　星期六　阴

今天我起了个大早,想去看看我的小乌龟。可能是阴天的关系,我的心情有些忧郁,小乌龟也同我一样。看,它好像在生闷气,依旧躲在一旁,不肯与我见面。呀! 我猛然想起,我还没给小乌龟起名字呢! 一定是这个缘故,所以小乌龟还不愿跟我打招呼。起名字可真是难,我左思右想,吃早饭也全然没有心思。要不就叫它"小男孩"吧,跟我一样,一个快乐的小男孩!"小男孩,你继续养精蓄锐吧,等你睡饱了,我再找你玩!"

9月13日　星期六　晴

我觉得"小男孩"的胆子实在是太小了,所以我决定,今天要带它练胆。我找来一个泡沫箱子，小心翼翼地把"小男孩"放进去，希望它能靠自己的努力爬出来。或许是我异想天开，每次"小男孩"爬到三分之一的地方就会掉下来，有时还会摔得四仰八叉。但是"小男孩"一直没有放弃，不断地尝试，即使四脚朝天，它也会用力翻过身，继续往上爬，就这样不断地重复着。就这样看着看着，我的上眼皮和下眼皮打起架来。等我再睁开双眼时，泡沫箱里空空如也。"小男孩"不见了！这可把我急坏了。我赶紧趴在地上，仔细地搜索着家里的每一处角落。当我找到它的时候，它已经离泡沫盒有两米远了。它可真了不起呀，是个勇于冒险的"小男孩"！

"小男孩"坚持不懈的精神时刻鼓舞着我，我深深爱上了养龟！

🏆 点 评

小作者的这篇《小乌龟观察日记》充满童趣，展现了小作者对小动物的细腻观察和独特的情感体验。文章完整地展现了小乌龟从胆小怕生到展现勇气的过程，情节连贯，内容丰富。

文章语言生动形象，例如"小绵羊看到了大灰狼""在生闷气""四仰八叉"等，使得小乌龟的形象跃然纸上，令人忍俊不禁。作者不仅关注小乌龟的动作与状态，还融入了自己的情感和互动，例如为它起名字、帮助它"练胆"，这些细节描写增添了文章的趣味性和感染力。

特别是"小男孩"在泡沫箱中坚持不懈地尝试爬出这一段，既生动又富有启发意义。小作者观察入微，用细腻的笔触记录了"小男孩"的努力与成功，并从中获得了鼓舞。这种将观察对象与自身情感相结合的表达方式，使得文章更加真实感人。

指导老师：余诗佳

羽毛球"小白"的日记

懿德校区 二(3)班 王梦洁

11 月 15 日　星期五　小雨

今天晚上,妈妈要带我去羽毛球馆打球,真是太棒啦! 以前我们都是在小区门口的公园里切磋球技,但是风一来,球就像插上了飞翔的翅膀,飞向一边。更糟糕的是,冬季白天短黑夜长,不一会儿,天就黑乎乎的,让人看不清球在哪里。

今晚终于可以去明亮而又宽敞的球馆里打球,我好兴奋。球馆里不仅有亮堂的照明灯,而且不受风的影响,我和妈妈就可以专心"互杀"啦!

哇哦! 到球馆啦。我和妈妈拿起球拍,开始大战。羽毛球"嗖"地飞来飞去,像调皮的小精灵。我用力一跳,挥拍扣杀,球如火箭般冲向妈妈。妈妈也厉害,轻轻一挡,球又飞了回来。我俩在球馆里跑来跑去,玩得满头大汗,开心得不得了。真希望时间过得慢点呀!

今晚的球馆大战太好玩啦,我和妈妈约定,以后要常来这"战场",一起享受快乐时光!

🏆 点评

这篇日记记录了小作者第一次去羽毛球馆打球的经历。文章通过生动的语言和细腻的描写,展现了她对羽毛球运动的热爱和满怀期待。从小区公园里因风大而总是影响球技的无奈,到终于能在明亮宽敞的球馆里专心打球的兴奋,小作者勾勒出自己活泼、热爱运动的形象。通过细节描写,例如场馆内灯光的明亮、场地的宽敞,以及球拍与羽毛球碰撞时清脆的声音,小作者让读者能够强烈感受到她初次进入羽毛球馆的兴奋与喜悦。更有趣的是,她对比了在公园和球馆打球的不同感受,从一开始因环境限制而产生的小小遗憾,到后来在球馆里尽情挥洒汗水时的满足感,心情的转变跃然纸上。这篇日记不仅表达了她对羽毛球运动的热爱,也传递出一种积极向上的生活态度,令人感同身受。

指导老师:韩　娟

台 风 来 临

懿德校区　五(3)班　马士豪

11月1日　星期五　台风

傍晚的天空呈粉红色,忽而又变为橙色。11月的第一天,台风"康妮"登陆上海。听说这是自1981年以来11月最大降雨,"康妮"已增强为超强台风,最大阵风可达10至11级。

前一天的晚上,我没睡好觉,只听见狂风发出愤怒的咆哮,如同鬼哭狼嚎、狮吼虎啸。狂风如愤怒的巨兽,张牙舞爪地席卷而来。天空仿佛被一只无形的巨手猛然撕开,乌云如汹涌的黑色潮水般迅速蔓延,将整个世界笼罩在一片昏暗之中。狂风肆意地拉扯着一切,树木在风中痛苦地扭曲着身躯,发出阵阵令人心悸的哀叹声。

第二天一大早,我在上学路上,同周围的行人一起在台风中艰难前行。大家都紧紧裹着雨衣,弓着身子,顶着狂风暴雨,一步一步地向前挪动。狂风不断地拉扯着大家的衣服和雨伞,仿佛要将我们卷入无尽的风暴之中。雨水模糊了我的视线,让我看不清前方的道路,只能凭着感觉摸索着前进。车辆在街道上缓慢行驶,如同在波涛汹涌的大海中艰难航行的小船。狂风使车辆左右摇晃,雨水使视线变得模糊不清。司机们紧紧握住方向盘,全神贯注地目视着前方,小心翼翼地避开被风吹倒的树木和弃物,让人感觉置身于一个模糊而危险的世界中。

随着时间的推移,台风的威力逐渐减弱。傍晚时分,风力明显减小,雨势也渐渐变小,这个肆虐一时的"坏家伙"在给这座城市留下了满目疮痍之后,终于扬长而去。

我再次走出家门,看见小区的地面一片狼藉。被台风扫落的树叶铺满地面。草地上躺着一棵被台风连根拔起的大树。它曾经枝繁叶茂,现在只能悲伤无声地诉说着台风的暴虐。看,那朵小花好像在抹眼泪。目光所及,残枝败叶散落一地,仿佛是大自然的一场残酷游戏。这次台风过境,让我深刻感受到尽管人类文明取得了巨大的进步,但在自然灾害面前,我们依然脆弱不堪。我们在面对它时,只能尽力做好防护措施,尽可能减少损失。

🏆 点 评

生活是作文最好的素材。2024年那场台风"康妮"给小作者寻常的生活带来了一丝不同,让小作者记忆深刻,也给予了他丰富的写作素材。

全文按时间顺序写出了台风来临那一日一夜的景象。小作者的语言表达十分丰富。不仅有大量比喻、拟人的修辞手法,成语的运用也得心应手。不仅对于台风来时行人的表现描写得相当具体,环境描写同样细致。"鬼哭狼嚎、狮吼虎啸""肆意""如同在波涛汹涌的大海中艰难航行的小船""满目疮痍""残枝败叶散落一地"……小作者通过这些生动的语句将台风的来势汹汹、人们的左支右绌以及台风过后的一片狼藉描写得相当具体传神。

结尾,小作者感慨人类文明在自然灾害前的不堪一击,令人深思。

指导老师:汪轶灵

秋 游 小 记

蓝村校区　　五(4)班　　徐胤舒

11月11日　星期一　晴朗

　　秋意正浓,斑斓秋色宛如一幅绚丽多彩的画卷在天地间徐徐展开。在这个好时节,我们全校前往上海海湾森林公园,开启了一场难忘的秋游之旅。

　　在森林公园,我们体验了手磨豆浆和彩绘石头等新奇活动。这些活动锻炼我们动手能力的同时,还帮助我们了解了不少中国传统的制作工艺。这些工艺承载着历史的记忆和古人的智慧,让我感受到了手工艺的魅力。

　　让我印象最深刻的是参观汤兆基美术馆。一走进美术馆,我就被浓厚的艺术氛围所包围。馆内陈列着汤兆基先生各个时期的作品。他的雕塑造型优美,线条流畅,栩栩如生;他的书画笔墨精湛,意境深远。我最喜欢他的《紫藤萝》,画中深深浅浅的紫色交织在一起,似流动的云霞,又似瀑布般从高处倾泻而下,让我感受到了生命的蓬勃和美好。紫藤萝虽没有牡丹那般华贵,没有禽鸟的灵动,但它有独特的姿态,展现着生命的顽强与坚韧。它静静地绽放,不张扬,却有着震撼人心的力量。汤先生通过细腻的笔触和丰富的色彩,让我体会到了大自然的生机和美感。

　　我带着满满的收获踏上了返程之路,那如画的风景和欢乐仿佛还萦绕在我周围。这次秋游,让我更爱大自然,也让我的心灵受到了洗礼。我将这次美好的回忆珍藏心底，期待下一次的精彩之旅。

🏆 点 评

　　这篇秋游游记以细腻的笔触描绘了上海海湾森林公园的秋日美景与丰富活动，字里行间洋溢着作者对自然的热爱与对手工艺文化的赞叹。通过亲身体验手磨豆浆与彩绘石头，作者不仅锻炼了动手能力，更深刻理解了中国传统制作工艺的魅力与历史价值。汤兆基美术馆的参观成为文章的亮点，尤其是对《紫藤萝》画作的描绘，生动展现了艺术与自然的完美融合，诠释了生命之美。文章情感真挚，语言流畅，结构清晰，让读者仿佛随作者一同经历了这场视觉与心灵的盛宴。结尾处，作者对美好时光的珍惜与对未来旅程的期待，为全文增添了温馨与希望，是一篇值得回味的佳作。

指导老师：朱　琳

我的第一盘菜

2024 年 11 月 10 日　星期日　小雨

今天,外面下起了小雨。虽然我不能外出活动,但我学做了我最喜爱的一道菜——西红柿炒鸡蛋。

我先从冰箱里拿出两个西红柿。接着,我把它们洗干净,切成小片,放在碗里。然后,我拿起一颗鸡蛋,小心翼翼地在桌子上磕了一下,只听见"咔"的一声,鸡蛋的壳上裂出了一道缝。这时我紧张极了,害怕鸡蛋液流出来。妈妈对我说:"别怕,轻轻地掰一下。"我照着妈妈说的做,果然,蛋壳被分成了两半,金灿灿的蛋黄和透明的蛋清就掉进了碗里。很快,我把三个鸡蛋都打进了碗里。紧接着,我一手拿着筷子,一手扶着碗,开始搅拌起来。随着"啪啪啪啪"的搅拌声,蛋黄和蛋清混在一起,变成了浅黄色的液体,我还看到了小泡泡。

妈妈拿出油,把它倒进锅里。等油冒烟的时候,我战战兢兢地伸长了胳膊,把鸡蛋液倒进了锅里。只听"嗞啦"一声,鸡蛋在锅里变大了,就像花朵在锅里盛开,瞬间变成了金黄金黄的鸡蛋花,一股香味也迎面扑来。妈妈连忙指挥我用锅铲搅一搅,然后把切好的西红柿倒进去。不一会,鸡蛋和西红柿都熟了,我把它们盛了出来。

我夹起一块鸡蛋放到了嘴里。"真香啊!"我得意地叫了出来。心想:果真自己炒的菜更加美味。妈妈看到我开心的样子,也忍不住笑了出来。

🏆 点 评

这篇作文就像一道充满生活气息的家常菜,让人读着觉得亲切又有趣!小作者用第一人称讲述自己学会西红柿炒鸡蛋的经历,从一开始的害怕紧张,到最后的大功告成,整个过程写得生动又详细。比如"等油冒烟的时候,我战战兢兢地伸长了胳膊,把鸡蛋液倒进了锅里",这样的描写,让我们仿佛能看到小作者紧张又努力的样子。不过呢,如果能再描写一些炒菜时妈妈的耐心指导,这篇作文会更加引人入胜。

指导老师:朱慧娟

日　记

懿德校区　一(4)班　李亦航

2024 年 11 月 3 日　星期日　晴

今天的天气真好,太阳公公笑眯眯的,我和爸爸一起去了长兴岛的前小桔农场玩。那里有很多有趣的活动,我开心极了!

早上,我们先去抓鱼。水凉凉的,好多小鱼在水里游来游去。我看准时机,趁其不备,轻轻地从两边"包抄",没想到真的抓到了三条鲫鱼! 它们在我手心里不断地跳跃,我好兴奋,这是我第一次抓到鱼呢!

接着,我们去射箭。爸爸教我怎么拿弓,怎么拉弦,我试了好几次,终于射中了靶子。虽然不是正中间,但我还是觉得自己很厉害!

中午休息了一会儿后,我们就去摘橘子。橘子树上挂满了黄澄澄的橘子,甜甜的,真好吃!

最后,我们还体验了磨米粉。我和爸爸一起推着石磨,米粉一点点从石磨里出来,好神奇啊!

一天下来,我最喜欢的还是抓鱼,因为抓到了鱼,让我感觉自己好像变成了一个小小的捕鱼达人。今天真是快乐的一天,希望以后还能再来前小桔农场玩!

🏆 点 评

小作者用朴实的文字记录了一次愉快的农场游玩经历,充满童趣与欢乐。文章结构清晰,按照游玩顺序依次描述了抓鱼、射箭、摘橘子和磨米粉等活动,详略得当,将重点放在了抓鱼的过程与感受上,通过"我看准时机,趁其不备,轻轻地从两边'包抄'"等细节描写,展现了小作者抓鱼时的专注与机智,以及抓到鱼后的兴奋与喜悦之情,字里行间洋溢着快乐与满足。此外,日记中多次提到与爸爸的互动,如爸爸教射箭、一起推石磨磨米粉等,这些场景不仅展现了亲子间的温馨与默契,也体现了作者对亲情的珍视。最后,以"今天真是快乐的一天,希望以后还能再来前小桔农场玩"作为结尾,既总结了全天的快乐体验,又表达了对未来的美好期待,给读者留下了深刻的印象。

指导老师:付欣晨

日　记

蓝村校区　三(3)班　周以沫

10 月 11 日　星期五　晴

今天早上进校时,我被在校门口护导的史老师叫住了……

我带着满肚子的疑惑,缓缓地走近了史老师。她微笑着问道:"你是几班的,你叫什么名字?"我回答道:"我来自三(3)班,叫周以沫。"史老师嘴角上扬,露出了亲切的笑容,接着问:"喜欢讲故事吗?"我毫不犹豫地回答:"喜欢!""那你准备一下,我要把这个记下来。"我好奇地追问:"是要举行讲故事比赛吗?"史老师一边熟练地在手机上打字,一边回应:"对呀,你怎么会知道的呢?"我兴奋地原地跳了一下,回答:"因为上学期我们也举办过这样的比赛呀!"她接着说:"每天早上,我都会在门口看到你。我发现你声音洪亮,笑容也如阳光般灿烂,真是个能讲好故事的好孩子。"听到这里,我心里像吃了蜜糖一样甜,美滋滋的。能得到学生处史老师的肯定,真是我的荣幸。史老师继续说道:"你今天回家后,选一个故事好好准备,下周五的时候讲给我们听。"我激动地点点头,大声说:"好,我一定会认真准备的!"

这时,我心中充满了喜悦,因为获得了史老师的认可。然而,我心中好像有个小精灵,时时刻刻在提醒我不能骄傲自满,要保持谦虚。尽管如此,我依然为自己感到无比自豪。这来之不易的机会,我要更加珍惜。我一定要全力以赴地去准备,为班级争光!

🏆 点 评

生活中的每一个瞬间都可能蕴藏着意想不到的机遇。小作者在进校的那一刻,被老师慧眼识珠,发掘出了她讲故事的特长。整篇日记以生动的对话和细腻的心理描写,展现了小作者从疑惑到兴奋,再到决心全力以赴的心路历程。

选材新颖。文中描述的事件,这种师生间的互动,充满了正能量,让人感受到了教育的温暖与力量。

全篇语句朴实无华,但字里行间却流露出真挚的情感。小作者不仅珍惜这次来之不易的机会,更在内心深处时刻提醒自己保持谦虚,这种成长的态度值得称赞。

这篇日记不仅记录了小作者的一次难忘经历,更触动了读者的心灵。它让我们看到,只要用心去感受生活,每一个瞬间都可能成为我们成长道路上的宝贵财富。同时,也提醒我们要善于发现并珍惜身边的每一次机遇,勇敢地去追求自己的梦想。

指导老师：彭　英

我做了一个梦

蓝村校区　一(2)班　嵇瑞妍

2024 年 11 月 12 日　星期二　晴

我做了一个梦。梦里,天空是一张蔚蓝的贴画纸;星星是千奇百怪的小昆虫;月亮是最独树一帜的一朵花。我像个巨人漫步在这片梦幻天空下。小昆虫们闪着微光,忙碌地穿梭着。月亮花散发着柔和的光,照亮了周围。我伸手想要触摸,却怎么也够不着。突然一阵风吹来,贴画纸好像要被卷走,我着急地想抓住,然后就惊醒了。

这个梦可真奇特,感觉它们还在我眼前晃悠呢!

🏆 点　评

小作者在这篇日记中展现出了丰富的想象力:将天空想象成蔚蓝的贴画纸,突破了常规认知,赋予天空新奇的质感。把星星比作千奇百怪的小昆虫,让闪烁的星星瞬间有了生命与活力,仿佛它们是天空中的小精灵在忙碌生活。而月亮被想象为独树一帜的花,不仅形象地描绘出月亮的独特,还为其增添了梦幻与浪漫的色彩。

小作者以巨人的视角漫步天空,使整个梦境充满奇幻感。在这个梦境里,"小昆虫"般的星星忙碌穿梭,"月亮花"散发柔和光芒,构建出一个充满故事感的奇异世界。伸手触摸却够不着的动作,以及

"贴画纸"要被风卷走的紧张感,更是让梦境跌宕起伏。这些奇妙的想象,充分展现了小作者独特的思维方式和对世界充满好奇与探索的内心世界。

指导老师：叶婕妤

前滩骑行记

懿德校区　四(2)班　韩笑尘

4月13日　星期六　晴

今天天气凉爽，微风拂面，舒服极了。我们一家决定带Rainbow（我家小狗）去前滩的"狗GO公园"玩耍一番。

没想到在"狗GO公园"附近遇到了我的朋友小范。"狗GO公园"外是美丽的骑行车道，小范一家是来骑行的。刚巧我的山地车在汽车的后备厢里，我和小范一拍即合，准备来一场酣畅淋漓的骑行大赛。

比赛开始，我们嬉笑追逐。一会儿他领先，他得意洋洋；一会儿我领先，我冲他做个鬼脸。一不留神我在转弯处摔了一跤，小范也停下脚步，可是疼痛根本影响不了我骑行的快乐。我爬起来，拍掉身上的灰，看了看手，看了看脚，仅是擦破点皮，可以说是"毫发无伤"。我扶起自行车，意气风发，再次出发。

骑行不仅是一种锻炼，更是一种享受。我在阳光下骑行，风拂过脸庞，快乐的旋律在心中弹奏出最美的乐章。上坡时，我和小范一起攀登，相互鼓励、打气；下坡时，我仿佛与自然融为一体，轻盈、自由。不论是上坡还是下坡，虽不是一马平川、一帆风顺，但让我在不断前行中体验到了骑行的快乐。

回到"狗GO公园"，此时我家Rainbow正和小金毛"打架"呢！这俩毛孩子时而你追我赶，时而缠成一团，时而摇着尾巴用"汪星语"

聊天。它们也享受着狗儿们的友谊和欢乐时光。

今天的前滩之行，真是开心！

点 评

　　小作者以日记的形式记叙了自己在前滩公园的一天，充满生活趣味与活力。首先，日记的选材贴近生活，富有童趣。作者将一次家庭出行与偶遇朋友结合，引出骑行比赛，还穿插小狗在公园玩耍的场景，让日常琐事变得妙趣横生，容易引发读者共鸣，仿佛置身其中感受那份快乐。

　　小作者用较生动的语言描写了自己和朋友骑行的经过，如"一会儿他领先，他得意洋洋；一会儿我领先，我冲他做个鬼脸"，把孩子间天真无邪的竞争心态刻画得淋漓尽致。摔跤后"我爬起来，拍掉身上的灰，看了看手，看了看脚"动作描写细致，展现出孩子的坚强与乐观。

　　情感真挚是这则日记的一大亮点，字里行间洋溢着快乐。小作者描写了自己骑行的感受，"快乐的旋律在心中弹奏出最美的乐章"直白地抒发内心喜悦，还有小狗间"时而你追我赶，时而缠成一团"的主动，作者以欣赏的眼光看待，传递出对生活的热爱，让人读来不禁沉浸在这份简单纯粹的美好之中。

指导老师：黄婷婷

美好的一天

蓝村校区　二(3)班　李锦轩

2月24日　星期日　晴

今天,我们一家子决定到苏州去玩。一早,我们就出发了。

一路上,大家有说有笑。爸爸给我们介绍了苏州的一些名胜古迹,妹妹在车上也是乖乖的,妈妈一逗她,她就咯咯咯地笑个不停。

到达苏州刚好是午饭时间,我们就直奔苏州的网红小吃"哑巴生煎"。这家的生煎包特别好吃,还有粽子、牛肉粉丝等特色美食,来这家吃饭的人可多了!

吃完后,我们坐上车,前往第一个目的地——苏州博物馆。这可不是一般的博物馆,据说它里面有好多可玩的,适合我这个年龄,但具体长什么样,我还不知道呢! 到门口,我们才知道博物馆要提前预约。很可惜,这次没有进去。但是妈妈说了:"旅途中有点遗憾才是完美的!"

车子载着我们到了下个目的地——"寒山寺"。听说这个地方很有名,有首名诗《枫桥夜泊》,里面就提到了"寒山寺",我很期待。

路上,我们途经古运河和京杭大运河。京杭大运河远远看上去像是一条飘飘荡荡的碧玉带,河上来来往往的船舶让这条大运河显得更加富有活力。指示牌上写着大运河的介绍,我知道了它早在春秋时期就有了,是世界上最大的一条人工河呢! 它也是中国重要的文化遗产之一。

到了景点寒山寺后,我和妹妹一人买了一把扇子。我的折扇上面写着《枫桥夜泊》那首诗，妹妹的扇子上面绣着苏州的美景，栩栩如生。

不知不觉就到了下午三点。我恋恋不舍地坐上车，跟随家人回家了。

到家后，妈妈说我们今天表现很好，要带着我们出去吃大餐。我可高兴了！据说能吃到我期待的海鲜自助餐。

到了餐厅，我就感觉这里非常豪华。这里有比我头都大的大波龙，还有帝王蟹、膏蟹、皮皮虾、烤榴莲……我足足吃了两个大波龙，还加上蟹腿、膏蟹和一些其他的东西。妈妈笑着说我们都快吃回本了。临走的时候，我还吃上了心心念念的冰激凌，真的很美味哦！

今天虽然有点累，但是学习到了很多的知识，也吃了很多美食，非常有意义。今天真是美好的一天啊！

🏆 点 评

小作者以日记体裁，细腻描绘了苏州一日游的全景画卷。文章字里行间洋溢着家庭的温馨与欢乐，从早晨出发的期待，到途中妹妹的咯咯笑声，再到品尝苏州网红小吃的满足，每一个细节都跃然纸上。

小作者巧妙地将京杭大运河的雄伟壮观、寒山寺的文化底蕴融入其中，不仅展现了苏州的自然风光，也让人感受到中国传统文化的深厚底蕴。尤其是通过购买扇子这一细节，巧妙地将古诗《枫桥夜泊》与寒山寺景点相联系，增加了文章的文化内涵。

此外，文章结尾处对家庭大餐的描绘，更是将一天的快乐推向高潮，让人感受到满满的幸福感。整篇文章流畅自然，情感真挚，读来仿佛与小作者一同经历了这次美好的旅行。

指导老师：彭　英

心 情 日 记

懿德校区　三(3)班　颜家弘

4月4日　星期四　晴

都说"清明时节雨纷纷"，但今年的清明节天气却格外好。太阳公公早早地起了床，把和煦的阳光洒向大地，花儿们也争奇斗艳。趁着这大好春光，我和妈妈一起去小区中心花园打羽毛球。

这里的人可真多啊！有的在玩飞盘，有的在荡秋千，还有的在玩老鹰捉小鸡的游戏，好不热闹！我们迫不及待地拿出羽毛球拍，选定各自的位置站好。"妈妈，我先发球！"我左手捏着球，右手拿着球拍，双脚一前一后地站着，"啪"的一声，球像一支离弦的箭似的飞了出去。只见妈妈严阵以待，抬头紧紧地盯着球，还没等我反应过来，球已经被妈妈迅速地打了回来。我一个箭步冲上前去，努力伸出球拍，想去够球，可惜，球还是落到了地上。第一个回合，我就败下阵来。我两脚一跺，显得有些急躁。这时，妈妈上前安慰我："没关系，多试几个回合，就会慢慢进步的！"于是，我重拾信心，在一次次的尝试中越打越好。最后，我居然能跟妈妈打十几个来回了！经过一番"激战"，我和妈妈都满头大汗。忽然，一阵风吹来，顿时让我们感受到了春日里的一丝丝凉意。我们立马收拾东西，一路小跑回家。

清明是缅怀先人的传统节日，也是农人开启春耕、种瓜点豆的好时节，更是人们锻炼身体、增强体魄的好时机。让我们在运动中感受生命的活力，迎接美好的未来！

🏆 点 评

　　本篇作文以"清明节"为背景,生动描绘了作者与母亲在春光明媚的节日里打羽毛球的愉快经历。文章开头引用了传统诗句"清明时节雨纷纷",巧妙地转折到今年天气是意料之外的晴朗,营造了一种积极向上的氛围。通过细腻的对话描写,展现了母子之间亲密的互动和流动的情感,同时也展现了运动带来的快乐和挑战。

　　小作者通过具体的场景描写,如花园中的热闹氛围、打球时的紧张刺激以及最终的成就感,将读者带入了一个充满活力的清明假日。文章不仅记录了一次简单的户外活动,更传达了积极参与体育活动对身心健康的重要性,以及和家人共度时光的温馨。全文语言表达流畅自然,情感真挚,能够引起读者的共鸣。

指导老师:徐　筱

第九部分

万物有灵

WAN WU YOU LING

秋葵生长日记

懿德校区　四(3)班　马骁辰

　　我家的阳台，宛如一方精致的小天地，几株秋葵在其中摇曳生姿。自它们破土而出的那一刻，我便怀揣着热切的期盼，期待着它们能在这片绿意中茁壮成长，绽放出绚烂的花朵，结出丰硕的果实。

9月19日　星期四　晴

　　晚餐后，我悠闲地准备下楼漫步，却在不经意间发现，秋葵苗上已悄然探出了我最期待的小脑袋——秋葵的花苞。我欣喜若狂，仿佛见到了久别重逢的挚友，连忙取了纸笔，写下这一喜讯，贴在门口，与家人共享这份喜悦。不一会儿，妈妈下楼丢垃圾，见到纸条，亦是满面笑容，我们彼此对视，心中的激动之情溢于言表。

9月20日　星期五　多云

　　放学后，我急匆匆地赶回家，想要一睹秋葵花的芳容。然而，映入眼帘的却是凋零的花瓣，我的心情瞬间跌落谷底。回到房间，我迅速翻开资料，想要寻找答案。原来，秋葵的花期短暂，它的凋谢，正是为了迎接果实的到来。想到这里，我的心情又逐渐好转起来。

9月22日　星期日　多云

　　虽然今天是休息日，但我却早早起床，迫不及待地奔向阳台。我要去寻找那期盼已久的小秋葵。果然,它们已经挂满枝头,犹如一颗颗翠绿的宝石,闪烁着诱人的光芒。我欣喜若狂,仿佛乘坐着登月火箭,直达快乐星球。我忙不迭地拿出卷尺,量量果实的大小,心中美滋滋的,想象着几天后就能品尝到自己的劳动成果。

9月26日　星期四　晴

我再次来到阳台,量了量秋葵果实的大小。它们已经长大了许多,完全符合采摘的标准。我满怀喜悦,心中充满了成就感。种植秋葵的过程,让我感受到了劳动的快乐,也让我体会到了生命的无限生机与可能。我小心翼翼地拿起剪刀,剪下了这些丰硕的果实,它们将是我辛勤付出的最好回报。

在这片小花园里,我见证了秋葵从播种到开花、结果的整个过程,也感受到了生命的奇妙与美好。我会继续耕耘这片小天地,让它在我的呵护下焕发出更加绚烂的光彩。

🏆 **点　评**

小作者以细腻的笔触和真挚的情感,引领读者一同见证了秋葵从播种到收获的全过程,传达了对生命的热爱与敬畏。

通过日记的形式,小作者将自己对秋葵的期待、观察与感悟娓娓道来,字里行间流露出对自然生命的敬畏与热爱。修辞手法上,小作者将秋葵的花苞比作"悄然探出的小脑袋",将果实比作"一颗颗翠绿的宝石",这些细腻的描绘不仅增强了文章的形象性和感染力,也让读者仿佛置身于那绿意盎然的小阳台,一同分享那份静谧而美好的时光。

文章结构紧凑,以日记的时间顺序为线索,条理清晰地记录了秋葵生长的关键节点。每一篇日记既独立成章,又相互关联,共同构成了一个完整而富有感染力的故事,便于读者跟随作者的视角感受秋葵的成长变化,也增强了文章的连贯性和可读性。

　　小作者的创意与想象力也为文章增色不少。如将采摘秋葵时的喜悦心情说成"乘坐登月火箭直达快乐星球",展现了作者丰富的内心世界,为文章增添了轻松愉悦的氛围。

　　　　　　　　　　　　　　　　指导老师:颜昊文

我的植物朋友

蓝村校区　三(1)班　谈一苇

　　"竹外桃花三两枝,春江水暖鸭先知。"春天来了,冰雪消融,万物复苏。春天来了,百花齐放,姹紫嫣红。春天来了,春姑娘迈着轻盈的步伐向我们走来。在这生机勃勃的景象中,我最喜欢的还是我的这位植物朋友——桃花。

　　春天一到,一树树的桃花就盛开了。远远望去,桃花如同天边的晚霞,层层叠叠。浅粉如轻纱般柔美,洁白如初雪般清新,宛如一幅绚丽的画卷,美不胜收。凑近了看,每一朵桃花都由五片花瓣组成,像小朋友们粉嫩嫩的笑脸,细长的花蕊挺立在中间,为这份美丽增添了几分灵动。

　　记得去年春天,我和小伙伴在桃花树下玩耍。微风拂过,满树的桃花纷纷扬扬地落下,像一场粉色的花雨。我们开心地在树下奔跑,试图用手接住飘落的花瓣。花瓣轻轻落在我的鼻尖,我忍不住凑近闻,一股清香沁人心脾,瞬间让我感到无比放松和愉悦。亲吻美丽的桃花,它带有一点点糖果的甜,又有一丝丝茶的苦,奇妙极了! 女孩儿们还把落下的桃花捧在手心,用花瓣编成了一个小小的花环戴在头上,仿佛变成了春天的精灵。

　　每当我不开心的时候,就会去树下走一走。记得有一次考试没考好,心里难过极了。我独自来到桃树下,抬头望着满树的桃花,想起了老师常说的"失败乃成功之母",便不再自责,而是告诉自己要像桃树一样,不断努力才能开出美丽的花朵。那一刻,我感受到桃树带来的宁静和力量,心情也渐渐平复了下来。

"桃花一簇开无主,可爱深红爱浅红"说的就是桃花。我爱我的这位植物朋友,爱它的悠然,爱它的玲珑,更爱它的纯洁。它带给我无限的快乐和温暖,是我成长路上不可或缺的朋友。

点 评

小作者的这篇《我的植物朋友》,字里行间流露出对桃花的热爱之情。文章从春天写起,以桃花为主线,巧妙地将景物描写与感情抒发融为一体。

文章开篇引用诗句"竹外桃花三两枝,春江水暖鸭先知",点明了春天的主题,也为描写桃花营造了诗意的氛围。接着,小作者从远观和近赏两个角度细致描绘了桃花的美:远看如云霞,近看如笑脸,花蕊、花苞的细节描写生动形象,仿佛让人看到了那株生机勃勃的桃树。

小作者还调动感官,让桃花"活"了起来——闻起来清香扑鼻,尝起来甜中带苦。这些描写不仅展示了桃花的美丽,还让人感受到它带来的治愈力量。

文章结构清晰,情感真挚。结尾处引用诗句"桃花一簇开无主,可爱深红爱浅红"点题,表达了对这位植物朋友的喜爱之情。

指导老师:余诗佳

我的植物朋友

蓝村校区　三(2)班　蒋爱箫

我们小区的中心花园种着一棵桂花树,它是我的好朋友。

金秋时节,桂花怒放。

近看桂花,颜色诱人。金黄的桂花满树盛开,就像洒满了无数的碎金子般,耀眼夺目。远远望去,像许许多多的星星。你瞧,有的桂花还开着小米粒似的花苞儿,有的像害羞的小姑娘,把自己的可爱笑脸藏在了绿叶间。不过,我想只要再过一段时间,它一定不会再这么羞涩了吧!

桂花还藏着香味呢!站在远处,使劲地深吸一口。啊,一股甜甜的香味钻进了我的鼻子,让人不由得慢慢走近。走近后,那香味越来越浓,让人无比陶醉。桂花树下,老人、孩子闻着桂花香,喝着桂花茶,唠着家常,享受着秋天带来的快乐。

我们的友谊,那还要从那一天说起。那天,我和朋友闹了别扭,心里可难受了,我边哭边朝门外走。当我路过那棵桂花树,我忍不住跟它诉起苦来。而它只是静静地听着,散发着幽幽的清香。随着香味钻入鼻腔,我心里的乌云渐渐散去,心情平静了许多。在我看来,这样的安慰胜过千言万语。

从那以后,我时常会去找我的这位好朋友,当然不光是跟它吐苦水,更多的时候,我会和它分享喜悦。因为我希望它在听到好消息后,来年能开出更美的花。

我的植物朋友,希望你能一直陪伴我长大。

🏆 点 评

　　小作者的这篇《我的植物朋友》,情感真挚、语言优美,生动地描绘了桂花树的美丽与魅力,展现了作者与这位植物朋友之间深厚的情感。

　　小作者通过细致的观察,从颜色、形态和香味三个方面描写了桂花的特点:金黄的色彩生动形象,让人仿佛看到一棵充满活力的桂花树;"小米粒似的花苞"和"害羞的小姑娘"赋予了植物生命感,使其更加可爱动人;香味的描写则从远及近层层递进,营造出令人陶醉的氛围。

　　文章的亮点在于情感描写。通过与桂花树的互动,小作者赋予了它温暖而治愈的力量。特别是当作者与朋友闹别扭时,桂花树用清香"安慰"作者,帮助她平复情绪。这段描写让桂花树从一棵普通的植物变成了一位善于倾听的朋友,令人倍感温馨。

指导老师:余诗佳

我的动物朋友

蓝村校区　四(3)班　王景萱

　　我家养着一只鹦鹉,它身披一件绿黑相间的羽绒大衣,头裹一条翠绿翠绿的羽毛头巾,拖着一条斑斓的长尾,脚踏一双火红火红的棉鞋。再加上它昂首挺胸、气势磅礴、左顾右盼的样子,颇像一名威风凛凛的大将军。

　　虽然外表庄严郑重,但是它的歌声悦耳动听。每当它张开嘴巴"啾啾"地放声歌唱时,那一本正经的样子好似正在参加一场盛大的音乐会。嘹亮而婉转的鸟鸣声犹如一首优美的乐曲在我的耳边萦绕。不知不觉,我已经陶醉其中,情不自禁地与它共同"唱"起歌来。等到它唱完时,"啾啾"的歌声似乎还在房梁上回荡,在我的耳旁回响……

　　它不仅歌声动听,而且喝水时也十分有趣,令人捧腹大笑。它总是先来到水盆旁边摇头晃脑地四处打量一番,好像生怕有哪个天敌正虎视眈眈地盯着它。确保安全后,它才谨慎地啜起水来。喝一口,又立刻抬起头东张西望,确保周围毫无危险,才小心翼翼昂起头,咽下水。喝水是一件十分容易的事,但是它却喝得三眼一板、一丝不苟,无论多么严肃的人都会被逗得哧哧笑。这样严谨地喝水,精神必定十分紧张。若是一旁什么东西响了一声,它就会受到惊吓,立刻侧耳倾听,做好了起飞的姿势,随时准备逃窜。

　　有一次,我穿着大红色的衣服,蹲在鸟笼旁,静静地观察它喝水。

没想到，鹦鹉一见到我这个红彤彤的"庞然大物"，大概以为是一只猛兽趴在它的面前，心里一惊，好像发了狂似的，飞速扇动着翅膀。这时，我心里七上八下，生怕它飞出鸟笼咬我一口。它一次又一次重重地撞击鸟笼，尝试逃出这个"牢笼"，最后还是以失败告终。

你看，这就是我的鹦鹉，它是不是既可爱又有趣？

🏆 点 评

这篇文章描写了小作者的动物朋友——鹦鹉。全文通过丰富的想象力和细腻的笔触，将鹦鹉的外貌、歌声以及喝水的姿态描绘得栩栩如生，字里行间充满了趣味性和生动的细节，让人仿佛目睹了鹦鹉的风采。鹦鹉的形象被小作者刻画得既威风凛凛又温柔可爱，这种"反差萌"让人忍俊不禁。特别是描写鹦鹉喝水时的谨慎和紧张，以及见到大红衣服时的惊恐反应，更是让人捧腹大笑，感受到了鹦鹉朋友的灵性和趣味。此外，作者的语言流畅自然，用词贴切生动，让读者在阅读过程中能够轻松地进入情境，与作者产生共鸣。整篇文章充满了温馨和欢乐的氛围，让人感受到了作者对鹦鹉的喜爱和关怀，是一篇充满感染力的佳作。

指导老师：凌　洁

我的动物朋友

懿德校区　三(1)班　陆梓萱

　　动物是人类的朋友,能给我们带来很多的欢乐。我也有一个动物朋友,它是一只灰色的仓鼠,名字叫"雪饼"。

　　雪饼是过年前阿姨在夜市"套圈"套中的。当时它看上去很弱小,在寒风中瑟瑟发抖。我口袋里正好有一块"旺旺雪饼",于是掰了一小块喂它,它很喜欢吃,于是我给它取名"雪饼"。

　　雪饼的毛是灰色的,毛茸茸的小身体上有一双黑珍珠一样的大眼睛,一个小巧玲珑的鼻子,长长的胡须,短短的腿,还有一个与小兔子一样的尾巴。它的小耳朵总是竖着,仿佛在听我们说话,哪里有声音就往哪里转,活像一架有特殊功能的雷达。

　　为了给雪饼更好的生活环境,妈妈买了一个大笼子,铺上了厚厚的刨花,配齐了饭盆、饮水器、跑轮和滑梯等。刚放进去,它就欢快地玩耍起来,看起来雪饼很喜欢这个新家呢!

　　经过几日,我发现仓鼠是夜间活动的动物,晚上和凌晨最活跃。它会满笼子地跑,不断地向我们展示它的运动天赋。雪饼最喜欢在跑轮上拼命地跑,像人类要减肥一样……仓鼠洗澡不像人一样用水洗,它们是用专门的浴砂来洗的,在浴砂里翻滚一下,就能清理掉它们身上的脏东西。仓鼠还喜欢储存食物。不管盘子里有多少食物,它都会把食物藏在颊囊里,塞得满满的,带到安全的地方,再吐出来慢慢地吃。仓鼠是杂食动物,喜欢吃面包虫、坚果、蔬菜和水果等,有时我拿好吃的食物引诱雪饼，它会站起来，另外两个爪子趴在笼子上，头使劲地朝上看我，鼻子一动一动地嗅食物的气味，真是可爱极了！

我喜欢我的动物朋友——仓鼠"雪饼"。我希望它可以一直陪伴我长大，给我们带来更多的欢乐！

🏆 点 评

文章紧扣"我的动物朋友——仓鼠雪饼"展开，开篇点明动物是人类朋友，能带来欢乐，接着详细介绍雪饼的来历、外貌、生活习性等，结尾再次强调对雪饼的喜爱，希望它长久陪伴。全文围绕主题，中心突出。

对仓鼠外貌的刻画细致入微，"毛茸茸的小身体上有一双黑珍珠一样的大眼睛，一个小巧玲珑的鼻子，长长的胡须"，巧用比喻，将眼睛比作黑珍珠，形象地展现出仓鼠的机灵可爱；写它的耳朵"像一架有特殊功能的雷达"，生动有趣，让读者仿佛能看到仓鼠机警的模样。

在描述仓鼠的生活习性时，作者观察入微。如"晚上和凌晨最活跃""在浴砂里翻滚一下，就能清理掉它们身上的脏东西""不管盘子里有多少食物，它都会把食物藏在颊囊里"，这些细节使读者全面了解仓鼠的日常，也凸显出作者对雪饼的悉心观察。

字里行间都流露出作者对仓鼠雪饼的喜爱之情，从初见时的怜惜、喂食、取名，到为它精心布置新家，再到日常相处中被它的可爱模样逗乐，都能让读者感受到这份纯真的情谊。

指导老师：王晓云

我的小仓鼠

懿德校区　三(2)班　卫语萱

　　我家有只小仓鼠,名字叫"闪电",它十分惹人喜爱。它穿着黑白黄相间的"衣服",圆滚滚的身子像一个球,十分可爱。

　　小仓鼠吃东西的样子十分有趣。它的主食是瓜子。它抓着瓜子送到嘴边,用尖尖的牙齿把坚硬的外壳打开,然后大口大口地吃着,吃得津津有味。吃完后,它还会用恳求的目光看着我,想再吃一些。小仓鼠不仅牙口好,拆起家来更是厉害。它会把我给它买的磨牙棒咬碎,还会把它房间里的塑料楼梯全部咬碎。小仓鼠专心致志吃东西时的样子真是惹人发笑。

　　不过,要说最可爱的,还是小仓鼠玩耍时候的样子了。有时它会在笼子里上蹿下跳,到处寻找食物;有时它会在滚轮里拼命奔跑,累了就会睡在上面;有时它会在木屑中挖一个洞,然后躺进去。

　　这就是我的小仓鼠——"闪电",一个既可爱又贪吃的小家伙。

🏆 点 评

　　这篇作文生动地描绘了小仓鼠"闪电"的可爱形象和日常行为,通过细腻的观察展现了它独特的个性。作者对"闪电"的描述细致入微,从它的外貌特征到饮食习惯,再到玩耍时的各种趣态,都刻画得栩栩如生。特别是通过一系列具体的动作描写,如抓着瓜子送到嘴边、用尖尖的牙齿打开外壳、在滚轮上奔跑等,让读者仿佛能看到这只小仓鼠活泼可爱的样子。此外,文章还巧妙地使用了拟人的手法,比如描述小仓鼠用恳求的目光看着主人,想要更多食物,增加了文章的趣味性和亲和力。

如果想让文章内容更加丰富完整,可以适当增加一些关于小仓鼠与主人互动的场景描述,或者分享一两个特别有趣的故事片段,这样不仅能够更好地展示宠物与人之间的情感联系,也能使文章更具吸引力。

指导老师:徐　筱

图书在版编目(CIP)数据

芙蕖：东方小学作文集 / 东方小学"东方书集"编
委会编；沈飞主编. -- 上海：学林出版社，2025.
ISBN 978-7-5486-2083-9

Ⅰ. H194.4

中国国家版本馆 CIP 数据核字第 2025MV4979 号

责任编辑　杨　璇　王婷玉

封面设计　周剑峰

封面供图　康志文

书名题字　陈志宏

芙蕖

东方小学作文集

东方小学"东方书集"编委会　编

沈　飞　主编

出　　版　学林出版社
　　　　　（201101　上海市闵行区号景路 159 弄 C 座）
发　　行　上海人民出版社发行中心
　　　　　（201101　上海市闵行区号景路 159 弄 C 座）
印　　刷　上海颛辉印刷厂有限公司
开　　本　720×1000　1/16
印　　张　21
字　　数　25 万
版　　次　2025 年 6 月第 1 版
印　　次　2025 年 6 月第 1 次印刷
ISBN 978 - 7 - 5486 - 2083 - 9/Ⅰ · 264
定　　价　58.00 元